Abdoul Aziz ISSA DAOUDA

RÉCITS ÉPIQUES DU NIGER RÉÉCRITS TOME 2

Abdoul Aziz ISSA DAOUDA

RÉCITS ÉPIQUES DU NIGER RÉÉCRITS TOME 2

Éditions Muse

Imprint

Cover image: www.ingimage.com

Publisher:
Éditions Muse
is a trademark of
International Book Market Service Ltd., member of OmniScriptum Publishing Group
17 Meldrum Street, Beau Bassin 71504, Mauritius
Printed at: see last page
ISBN: 978-620-2-29870-4

PREAMBULE

LE DEEDE ACCOMPAGNÉ DE MOOLO OU ÉPOPÉE NIGÉRIENNE

En Occident comme en Afrique, le genre épique se rattache à une tradition orale transmise par des aèdes itinérants, conteurs, bardes ou troubadours, sur un fond d'accompagnement musical. Dans la sous-région ouest africaine et au Niger en particulier, les récits épiques sont dits ou chantés par des griots, artistes dépositaires et garants de traditions populaires séculaires perpétuées, à travers la description et la narration des hauts faits des héros auxquels ils sont dédiés.

Dans l'aire culturelle songhay-zarma[1], du Niger à laquelle appartiennent les textes présentés dans cet ouvrage, le récit épique est désigné par le vocable « *deede* » du verbe « *deede yan*» qui signifie « *raconter* ». Le récit ou *deede* est raconté par des maîtres paroliers que l'on désigne par les noms de *Jasare ou Nyamkala*[2], et dont les plus distingués représentants sont Koulba Baba, Badjé Bannia, Boubacar dit Tinguidji, Djéliba Badjé, Djado Sékou… Ces « magiciens du verbe » narrent le récit sur un fond d'accompagnement musical au moyen d'un instrument appelé *Moolo,* une sorte de luth à trois cordes. Le terme *Moolo* est également employé aussi bien en langue songhay-zarma qu'en haoussa[3], pour désigner indifféremment l'air musical produit par cet instrument et le récit proféré, tandis qu'en fulfulde[4], on parlera de *Hodu.*

Jadis, chaque héros ou guerrier possédait son propre *Moolo,* autrement dit, « *une devise musicale propre à chaque chef ou personnage remarquable* »[5], que le griot joue en récitant sa généalogie, sa bravoure, son courage et ses exploits guerriers. Chez les Songhay-zarma donc, « *l'épopée en zarma ne se ramène pas à un signifiant précis. C'est ainsi que, par exemple, l'épopée de Gorba Dikko (grande figure légendaire) est rendue* indifféremment par *Gorba Dikko Moola (le Moolo* de Gorba Dikko) ou *Gorba Dikko Deeda (le* récit ou l'histoire de Gorba Dikko*).* »[6]

---

[1] Les Songhay-Zarma occupent l'ouest du Niger, notamment les régions de Tillabéry, Niamey et Dosso.
[2] *Les Jasare ou Nyamkala sont des maîtres-griot,* des généalogistes rattachés à une famille royale.
[3] Le haoussa est la langue la plus parlée au Niger ; il est parlé par 56% de Nigériens. Les Haoussas vivent dans le Centre et l'Est du Niger avec une aire culturelle étendue au Nigeria.
[4] Le fulfulde ou peul est la 3ème langue la plus parlée au pays ; il est parlé par 11,3% de Nigériens. Les Peul sont disséminés sur tout le territoire nigérien.
[5] Christiane SEYDOU, Silâmaka et Poullôri, p 31.
[6] Abdoul Aziz ISSA DAOUDA, *La littérature traditionnelle nigérienne*, p.8.

L'épopée apparaît donc dans la littérature orale nigérienne à travers une combinaison d'un récit légendaire et d'un air de *Moolo*, auxquels s'ajoute l'imagination créatrice du griot qui l'enrichit et la transforme. Le récit épique puise ses sources dans l'histoire dont elle se distingue toutefois, car le souci des griots est de célébrer des valeurs en relatant des faits souvent très peu vraisemblables. En général, les faits sont toujours grossis par une imagination féconde. On peut dire avec justesse que les griots recréent l'histoire à leur manière grâce à l'art de l'affabulation et de l'inventivité. C'est cette mobilisation de ressources inventives, stylistiques et musicales qui valent à l'épopée nigérienne son statut d'œuvre d'art et de spectacle. De ce point de vue, le *Deede* ou récit épique songhay-zarma répond parfaitement à cette définition de Lylian Kesteloot : « L'épopée, c'est l'histoire que l'art a changé en poésie et que l'imagination a changé en légende. »

LES GRIOTS DANS LA SOCIÉTÉ SONGHAY-ZARMA

Contrairement à sa signification générale, *griot* renvoie au Niger à un champ complexe de connotations, dont la compréhension exige sans doute l'exploration de certaines caractéristiques socioculturelles. En effet, malgré les bouleversements intervenus du fait de la colonisation et du contact culturel avec l'Occident, la société songhay-zarma montre toujours aujourd'hui une stratification sociale fortement hiérarchisée, formée de trois composantes. Au niveau supérieur se place la classe aristocratique composée des chefs, des princes, ainsi que de tous ceux qui sont destinés, de par leur naissance, à occuper de hautes fonctions dans la société. On les appelle *koyze (littéralement fils de roi, prince) ou fuula-banda (descendant d'une famille royale).*[7] Au deuxième niveau se situe la classe des hommes libres les *Burcini* ou *Talka (sujets)* qui ne peuvent pas prétendre au trône, mais qui peuvent occuper des fonctions plus ou moins importantes dans la société. Enfin, au bas de l'échelle sociale, sont placés les hommes de caste servile qu'on appelle *Banya* ou *Tam (littéralement esclave ou captif).*

Traditionnellement, l'exercice de fonctions socioprofessionnelles est en rapport étroit avec la stratification sociale : de ce fait certaines activités sont exclusivement dévolues aux hommes de basse condition sociale et leur permettent malgré tout, de jouer un rôle déterminant dans la société. C'est le cas notamment :

[7] *Fuula* signifie littéralement bonnet, il symbolise ici le trône ; *Banda* signifie qui vient après, derrière. Le mot composé *fuula-banda* donne alors le sens de prince ou descendant d'une famille royale.

- des forgerons *(zam)* qui fournissent la société en outils aratoires, bijoux, sabres, couteaux, etc. En outre, ils *« apparaissent comme une sorte d'aristocratie de la forge, maîtresse des secrets de la fonte, détentrice des secrets, charmes et paroles magiques qui y sont associés, aux pouvoirs mystiques et redoutés »*[8] ;
- des tisserands *(caakay),* spécialisés dans la fabrication de couvertures ;
- des sculpteurs de bois *(sace)* qui fabriquent des pirogues, des mortiers, des pilons, … ;
- des gens spécialisés dans le travail du cuir (*garaasa*).

Un homme peut être esclave soit de naissance, soit à la suite de guerres ou de razzias. Il devient alors un individu sans racines, qui n'a de références que le maître, au profit duquel il exécute toutes sortes de besognes. Aujourd'hui, même si les dispositions institutionnelles officielles s'y opposent, le principe de l'esclavage se manifeste toujours à travers certains comportements qui établissent une dichotomie radicale entre individus de statut social différent. Ainsi, même de nos jours, un noble exerce difficilement un métier dévolu aux hommes de basse condition sociale. Par ailleurs, un homme issu d'une famille d'esclave ne peut pas prétendre au mariage avec une fille issue d'une famille royale ou même de *Burcini : « L'homme esclave ne peut en effet épouser une femme libre. C'est une règle absolue qui ne souffre d'aucune exception. »*[9]

Cependant, un *Fuula-Banda* ou un homme libre peut épouser une fille *Konwo* (féminin de *Banya*), à condition qu'il « rachète » sa liberté par le versement d'une rançon. Cet acte d'anoblissement est appelé *Fansa.* Cette dichotomie a surtout fait naître un certain nombre de stéréotypes sociaux et psychologiques qui servent à classifier les hommes. Ainsi, « un beau geste, un comportement bienséant, un signe de générosité, les mille expressions usuelles de la réserve, de la pudeur, de l'élégance, du bon goût ou des bonnes manières, de la grandeur d'âme ou du sens des convenances, seront qualifiés de « noble ».[…] Inversement « captif » connote le vulgaire, le déraciné, il est associé à la faiblesse de caractère ou à l'absence de vergogne, à la grossièreté ou aux manquements au savoir-vivre. »[10]

Les différentes catégories de griots se classent au sein de ces différents groupes de castes. Le terme français griot est général, car il désigne indifféremment « tous les bardes, musiciens, chanteurs, historiographes, conteurs et chansonniers des diverses populations soudanaises. »[11] Dans cette acception, le mot griot selon le sens français

---

[8] Jean-Pierre OLIVIER DE SARDAN, *Les Sociétés songhay-zarma*, p.57
[9] Jean-Pierre OLIVIER DE SARDAN, op. Cit. p.33
[10] Jean-Pierre OLIVIER DE SARDAN, op. Cit. p29
[11] Christiane SEYDOU, *Silâmaka et Poullôri*, p.18.

ne permet pas une perception exacte ou précise des connotations auxquelles il renvoie. Dans la société songhay-zarma, il existe une multitude de catégories de griots que l'on regroupe sous l'appellation autochtone générique de nwaarayko, plus apte à rendre la riche diversité et toute la complexité de l'univers des griots. Nwaarayko signifie littéralement quémandeur et désigne de manière générale tous ceux qui vivent de leur parole. Les nwaarayko ou griots-quémandeurs se subdivisent en deux grands groupes principaux, selon qu'ils ont une fonction profane ou une fonction sacrée.

1. LES GRIOTS PROFANES

Chez les nwaarayko profanes, on distingue les griots « traditionnels », tous ceux qui ont hérité la fonction de leurs ancêtres, et les griots « modernes », tous ceux qui ont embrassé la profession de façon quelque peu accidentelle.

Les griots traditionnels

Dans la classe des griots traditionnels, on distingue le *Jasare* ou Nyamkala qui est souvent perçu comme un noble déchu, ayant un statut supérieur à celui des captifs et inférieur à celui des nobles. Le terme *Jasare* est la plupart du temps utilisé par abus d'usage pour désigner de manière globale tous les *nwaarayko* ; il peut également renvoyer de manière spécifique aux « maître-griot », autrement dit aux griots de cour, les généalogistes des chefferies songhay *;* le terme *Jasare « désigne alors les griots d'origine soninké. D'ailleurs, Jasare a pour origine le terme soninké geseru. Les Jasare se distinguent des autres griots-quémandeurs par leur maîtrise de la langue soninké, ainsi que par la structuration rigoureuse de leur mode d'apprentissage artistique. Dans ce cas, Jasare est synonyme de Nyamkala qui a pour origine le terme soninké Nyaxamakala [...] Le Nyamkala est celui qui possède un pouvoir occulte pour mener à bien son travail. »*[12]

Le *Jasare* est donc considéré comme un maître-griot qui détient une force qui incite les hommes à la bravoure, au courage ou à la générosité. Les *Jasare* sont généralement attachés à une famille de nobles et disposent d'esclaves/captifs que le roi met à leur disposition. Leur attribut essentiel procède dans la maîtrise de la parole, et surtout dans leur grande connaissance de l'histoire et de la généalogie des grandes familles de la noblesse. Ils apparaissent de ce fait comme « *des griots historiographes et généalogistes qui sont en général attachés à une famille princière dont ils connaissent la généalogie et l'histoire. Par leur art et la narration des épopées et autres légendes, par la déclamation des généalogies, ils sont connus pour être dans la société traditionnelle la mémoire de leur communauté et les auxiliaires précieux du pouvoir (politique ou économique) qui les protège et qu'à leur tour ils légitiment, parce qu'ils sont la mémoire et la bouche du peuple. »*[13]

Les *Jasare* apprennent leur art à l'école d'un maître réputé, le *Jasare Dunka* (*maître-Jasare*). Cette école des *Jasare* est désignée sous les appellations de « *nyamkalataray (mélange de soninké et de zarma)* ou de *jasarataray (en zarma)* qui signifient littéralement *« l'être griot »* en soninké ou en songhay-zarma et désignent

[12]Sandra BORNARD, *Le Discours du griot généalogiste chez les Zarma du Niger*, pp 169-170

[13] Amadou SAIBOU ADAMOU, *l'Expression de l'identité dans la parole de Tombokoye Tessa, gawlo songhay-zarma* du Niger, pp 65 à 66.

le type d'apprentissage reçu. L'école des *Jasare* peut encore être rendue par le terme d'origine peule *« dudal » « qui signifie « foyer et désigne l'endroit ou se déroule l'apprentissage. »*[14]

Selon Djéliba Badjé[15], l'apprentissage à l'école des *Jasare* ou *dudal* comporte trois étapes essentielles : d'abord, dés l'âge de sept ans, l'élève commence par le *Ceeyaù* (*littéralement appel*) ou *Kaayi ceeyan* (*appel d'ancêtres*), c'est-à-dire les louanges des noms des ancêtres d'une famille de nobles ou sa généalogie ; ensuite, suit l'apprentissage du *deede* et les récits des guerriers ; enfin, la troisième étape de l'apprentissage procède dans l'apprentissage du *Moolo* pour l'accompagnement musical de la narration.

Parmi les griots qui ont une fonction profane, nous avons les *dondon kari* ou joueurs de tambours d'aisselle qui appartiennent à la classe des hommes de basse condition sociale. La fonction de *dondon kari* se transmet de père en fils. Ainsi, les descendants d'une famille de *dondon kari* sont désignés, même dans les cas où ils n'exercent pas la fonction, sous le nom de *dondon- kariize*, une appellation très souvent péjorative. Á la tête des joueurs de tambours d'aisselle, se trouve un chef désigné sous le nom haoussa de *Sarkin Makada* (*sarki* signifie chef et *makada* tambourineurs, pluriel de *makadi*). Les *dondon kari* peuvent s'adresser à la fois aux hommes et aux femmes, tandis que les *Jasare*, eux, s'adressent exclusivement aux hommes.

Les *zaabiya* constituent une autre catégorie de griots-quémandeurs, dont la fonction principale, à l'origine, est de louer les hommes pour les inciter au combat ou à l'accomplissement d'actions d'éclat. Les *zaabiya* jouent aussi le rôle, tout comme le *jasare,* de conseiller du roi dans la prise de décision.

Les *sasaale* se particularisent par un anticonformisme social qui se traduit par le refus de toute pudeur : les obscénités proférées publiquement, injures contre un noble qui commet un acte indigne de son rang dans la société, nudité à l'occasion de certaines cérémonies devant un noble radin… Pour éviter l'inconfort d'être pris pour cible par un *sasaale,* le noble s'empresse d'« acheter » sa paix par un don d'argent.

Les *boogu doonuko* ou chanteurs à l'occasion des travaux de collectifs, dont le rôle consiste à louer les cultivateurs qui se distinguent lors des travaux champêtres. En dehors des travaux collectifs, ils chantent pour les grands cultivateurs et propriétaires terriens. Pour leurs prestations, les *boogu doonuko* reçoivent comme rétribution du mil ou de l'argent.

---

[14] Sandra BORNARD op. Cit p 209.

[15] Entretien réalisé le 26 février 2010

Les griots modernes

Les griots-quémandeurs modernes sont apparus assez récemment. Dans la plupart des cas, ils ont embrassé la fonction en raison des contingences de la vie.

Le *gawlo* est un griot noble qui chante parfois accompagné d'un luth monocorde et loue les personnalités en échange d'une gratification. Á l'inverse, il dénigre ceux ou celles qui n'excellent pas en générosité.

« *Le gawlo ne parle en effet que pour avoir en échange des cadeaux ; et la ladrerie de la personne louée ne sera pas sanctionnée par l'abandon ou l'oubli délibéré du griot, mais bien par ses sarcasmes et ses pamphlets qui, répandus par villes et campagnes, écoutés et colportés, pourront ruiner irrémédiablement le crédit et la réputation de la victime ainsi fustigée.* »[16]

Les *konkodoonuko (*appelés également *tabbanayze)* ou chanteurs de « boite de conserve », sont issus de toutes les couches sociales. Ils chantent avec un accompagnement musical obtenu grâce à la résonnance d'une boite de conserve trouée qu'ils remplissent de cailloux.

Les *kokokiize (littéralement fils de ko-ko-ko)* et les *Roukiize (littéralement fils de Ruuki),* font également partie des griots modernes. Ils interviennent en groupes et chantent à l'occasion des cérémonies de réjouissance telles que les mariages, les baptêmes, les fêtes, etc. L'origine des *kokokiize* et des *Ruukiize* remonte respectivement à la célèbre chanson intitulée *ko-ko-ko* du chanteur Chaïbou Boubou du village d'*Ayorou* dans la région de Tillabéry, et à la chanson *Ruuki* dédiée par le chanteur Badjé du village de *Koutoumé*[17] en l'honneur d'une jeune fille du nom de Ruuki.

Enfin, on peut aussi classer parmi les griots-quémandeurs modernes certains groupes musicaux qui évoluent exclusivement dans les centres urbains. Il s'agit notamment des orchestres modernes et des orchestres néo-traditionnels qui combinent des instruments de musique traditionnels et modernes. Les groupes musicaux classés dans cette catégorie sont ceux qui interviennent en général lors des cérémonies de baptême et mariage, ou au cours des manifestations de partis politiques. Á la différence des autres griots modernes, ces groupes n'interviennent que sur invitation, consistant à leur proposer une somme d'argent en échange de leur prestation.

---

[16] Christiane SEYDOU, op.cit p. 25

[17] Tillabéry : ville et chef-lieu de la région du même nom située à l'extrême ouest du Niger, à environ 130 kms de Niamey ; - Ayorou est situé dans la région de Tillabéry, à environ 200kms, au nord-ouest de Niamey, près de la frontière avec le Mali ; - Koutoumé : village situé dans le canton de Namaro (région de Tillabéry) à une cinquantaine de kilomètre de Niamey.

2. LES GRIOTS SACRÉS

Les *nwaarayko* qui remplissent une fonction sacrée ou religieuse sont tous ceux qui servent d'intermédiaire entre les hommes et les divinités du panthéon songhay-zarma. En effet, le terme *nwaarayko* dérive du terme *nwaaray yan* qui signifie aussi prier. Ainsi, On distingue d'abord les maîtres pêcheurs ou *sorko*, prêtres magiciens garants des rapports entre les hommes et les dieux du panthéon songhay, dont ils sont chargés de solliciter l'intercession lors de certaines occasions, telles que la cérémonie de *Yeenandi (littéralement rendre frais)*organisée pour demander une abondance de pluie. De ce fait, ils apparaissent comme des intermédiaires entre le monde visible des hommes et celui des divinités. Les *ziima* sont également des prêtres jouant un rôle d'intermédiaire entre les mondes visible et invisible, mais ils se consacrent à des divinités de rang inférieur et exercent leur fonction à travers le culte du *Holley* ou danse de possession.

Enfin, *les marabouts*, prêtres de l'Islam que l'on peut considérer comme des *nwaarayko*, puisqu'ils jouent un rôle d'intermédiaire entre Dieu (Allah) et les hommes. Ils intercèdent également auprès de Dieu en faveur des hommes, moyennant le plus souvent une rétribution, pour leur « faciliter » le destin, pour les aider à l'accomplissement d'une tâche ou en vue de les guérir d'une maladie.

PRÉSENTATION DES TEXTES

Les deux récits réécrits s'inspirent des épopées de *Dondou Gorba Dikko* et de *Djala Hama Bodedjo* appartenant au répertoire de Djado Sékou, grand barde nigérien aujourd'hui disparu. Djado Sékou, grâce à son art et à son style particulier, a acquis une notoriété sans commune mesure auprès des auditeurs, toutes classes d'âge confondues. Les plages de diffusion réservées à ses œuvres dans les programmes radiodiffusés traduisent le grand engouement que le public a pour sa création. Ses nombreuses compositions sur support audio sont les plus diffusées sur les ondes de la radio nationale et des radios locales.

On peut alors dire avec Sandra Bornard que : « *Sa célébrité est principalement due au style particulier qu'il a développé. D'une part, il se faisait accompagner par un autre Jasare, Karimou Saga, qui lui servait d'aide mémoire. On assistait alors à une narration à deux voix, même si celle de Djado prédominait. D'autre part, il accordait une grande importance à l'humour et à l'exagération. Cette optique fait de lui un « littéraire » au contraire de Djéliba Badjé, l'« historien » qui néglige d'une certaine manière le style au profit de la connaissance et de l'histoire.* »[18]

Chez Djado Sékou en effet, la narration est exécutée en duo avec Karimou Saga qui joue un rôle tout aussi important dans la gestion du récit. En effet, Karimou joue tantôt le rôle de public attentif, car lorsque Djado annonce le début de l'histoire, il lui répond par « *nous t'écoutons Djado Sékou* », ou bien il lui pose des questions d'éclaircissement ; tantôt il accomplit une fonction incitative à travers ses fréquentes interjections « *To !* »/« *Oui !* » qui équivaut à « *continue* ! », une façon d'inciter le conteur à poursuivre la narration. Le rôle de Karimou Saga ne se limite pas seulement à écouter et à encourager, c'est aussi un co-énonciateur qui connaît aussi bien les récits que le narrateur principal. Ses interventions consistent à apporter des corrections ou à relancer le récit, lorsque Djado se trompe ou verse dans une digression. De son côté, Djado prend régulièrement à témoin Karimou à chaque étape décisive du récit ou pour dire quelque chose de significatif.

Djado Sékou fut un *Nyamkala* de père *Garaasa* et de mère *Nyamkala*. Né en 1929 à Gomno dans le canton d'Hamdallaye, situé à une trentaine de kilomètres de Niamey, Djado Sékou fréquente à l'âge de 15 ans l'école de *Badjé Bannya*, le père de Djéliba Badjé, autre barde populaire nigérien. L'accompagnement musical est assumé par Alou Bogobiri.

Djado Sékou meurt à Niamey le 1er février 1988 au cours d'une répétition de la troupe musicale, *Ensemble Lyrique du Niger*, à la maison de la jeunesse et de la culture qui porte désormais son nom.

DONDOU GORBA DIKKO

Dondou Gorba Dikko est un guerrier peul doté d'une force prodigieuse. C'est un héros singulier dont le destin glorieux a été pressenti par les devins et par ses propres parents. En effet, le père et la mère de Gorba Dikko avaient vu en rêve que leur fils deviendra un jour un homme exceptionnel. Ils ont vus en leur enfant devenir un guerrier téméraire qui prend plaisir à affronter le malheur. Il est encore jeune lorsqu'il remporte sa première bataille contre une redoutable armée qui a défait l'armée de sa cité.

A présent convaincu de sa force physique, Gorba Dikko se met à la recherche de la force magique. Il se fait confectionner une ceinture magique de l'invincibilité à

[18] Sandra Bornard, *Le Discours du griot généalogiste chez les Zarma du Niger*, p 224.

l'aide d'un cobra géant grâce à un marabout, un féticheur et un cordonnier qu'il s'empresse de tuer pour qu'ils ne puissent répondre aux sollicitations d'un autre.

Il va ainsi guerroyer, remporter victoires sur victoires contre toutes sortes d'adversaires : humains, animaux et démons. Un jour, lassé par une vie qu'il trouve fade sans adversaires de taille, Gorba Dikko se suicide.

DJALA HAMA BODEDJO

Djala Hamma Bodedjo, Djala Paté, Djala Hamma Bodedjo, Djala Paté, Poulo Sobbo Bambara Kounari est un guerrier métis. Son père est peul et sa mère bambara. Lorsqu'il est à Ségou chez les Bambaras, il leur parle la langue peule et à Kounari chez les Peuls, il parle la langue bambara. Partout il faut recourir à un interprète. Djala Hamma Bodedjo est le symbole de la générosité et de la largesse, lui qui finit par offrir aux griots sa propre personne d'abord, puis celle de sa propre mère contre la composition d'un air musical accompagné de louanges.

Pour venger l'affront fait à sa famille par le roi de Sâ et son prince, la belle Fatimata Bidani Simbiri sollicite de nombreux guerriers mais aucun n'accepte d'aller en guerre contre la redoutable armée de Sâ.

Fatimata Bidani effectue une dernière tentative chez Djala Hamma Bodedjo qui accepte sa proposition. Le guerrier peul bambara défait l'armée de Sâ et emmène le roi et le prince comme esclave.

Conformément à sa promesse, Fatimata Bidani Simbiri l'épouse.

Récit 1 : DONDOU GORBA DIKKO

UN HEROS HORS PAIR

L'Afrique traditionnelle, berceau de l'humanité, l'Afrique des savanes et des forêts, l'Afrique des montagnes et des déserts, avait connu une époque glorieuse au cours de laquelle vivaient en guerroyant de grands guerriers valeureux parmi lesquels, le Grand Soundjata Keita, le lion du Mandingue, le redoutable Soumangourou Kanté, roi des Sosso, Da Monzon la terreur de Ségou. Ce passé a également connu Djala Hamma Bodédjo Djala Paté, Boubou Ardo Galo, Amala Seyni Gakoye, Silamaka Ardo Massina et Poulori et bien d'autres encore. Tous ces guerriers étaient exemplaires : ils étaient forts, braves et possédaient plus que tout, le sens de l'honneur. Mais comme on le dit souvent en pays haoussa *« Ai Baaba ma da baaban shi »* (Tout père à son propre père), autrement dit aux côtés de tout héros existe toujours un autre, plus fort, plus brave et plus redoutable que lui. L'existence et les exploits de Dondou Gorba Dikko confortent aisément cette vérité populaire. Les hommes naissent égaux par la grâce de Dieu, mais tous n'auront pas la destinée aimaient répéter les griots à l'endroit de Gorba Dikko. Ils s'empressaient également d'ajouter :

Dondou Jika Djibrila[19] !
Ton père a rêvé que tu défieras le malheur,
Ta mère a rêvé que tu défieras le malheur,
Ton cheval a rêvé que tu défieras le malheur.

L'histoire de Gorba Dikko est celle d'un homme singulier à tout point de vue. Sa naissance et son destin avaient été pressentis par les grands devins, les amis des dieux, tel qu'il l'avait été avec l'empereur songhay, le Soninké Sonni Ali Ber. Depuis l'aube des temps, les oracles avaient prédit la naissance d'un guerrier hors pair dont la grande renommée sera chantée de tous les côtés de l'Afrique, un héros qui ne connaîtra dans sa vie ni peur ni défaite, encore moins l'humiliation. Tous avaient une idée des performances guerrières et des succès que remportera le héros dans sa vie, mais aucun devin ne savait comment mourra cet homme invaincu des hommes et même des dieux.

Ses propres parents avaient, à travers un rêve prémonitoire, confirmé les prédictions des devins. En effet, le père et la mère de Gorba Dikko avaient perçu dans leur rêve que leur fils deviendra, un jour, un homme exceptionnel, un guerrier âpre, imbattable et impitoyable lorsqu'il le faut. Ils ont vu en leur enfant un futur guerrier qui place son honneur et celui de sa famille au dessus de toute autre considération. Ils

[19] Enoncé en langue haoussa signifiant *Dondou, petit-fils de Djibrila.*

l'ont vu sous les traits d'un guerrier téméraire et courageux qui n'avait d'autre plaisir que de braver le danger et affronter le malheur. Les devins avaient eux aussi décrit un héros dont le bonheur était de toujours faire face au malheur.

Dondou Jika Djibrila !
Ton père a rêvé que tu défieras le malheur,
Ta mère a rêvé que tu défieras le malheur,
Ton cheval a rêvé que tu défieras le malheur.

L'enfance de Dondou Gorba Dikko laissait déjà présager sa grande destinée pour ceux qui avaient le don de lire les secrets du destin. Notre héros avait juste sept ans lorsque mourut son père dont il n'héritera que d'une vache et de deux lances de guerre. Le jeune Gorba Dikko avait des habitudes alimentaires très restrictives. Il ne mangeait pas les aliments que consommaient habituellement les habitants de sa cité. Il ne mangeait ni le riz, ni le blé, ni le maïs, ni le mil, ni l'arachide, ni le manioc. Pour sa subsistance quotidienne, il ne buvait exclusivement que du lait frais. Du lait frais que procurait l'unique vache laitière que lui légua son père. C'est le lait de cette vache que l'on trayait chaque jour qui servait à nourrir Gorba Dikko. Lorsque la vache n'était plus en état de donner du lait, et afin d'assurer l'approvisionnement du héros en attendant que sa vache pût de nouveau assurer son alimentation quotidienne, on avait recours aux grands éleveurs dont les troupeaux ne manquaient jamais de vaches à lait. En guise de remerciement, le nouveau veau, que mettait bas la vache de Gorba Dikko, était à chaque fois offert à l'éleveur qui lui avait entre temps fourni sa subsistance.

C'est ainsi que vivait Gorba Dikko depuis que sa mère l'avait sevré à ses deux ans. C'était également ainsi que l'on procéda après la mort de son père ; c'est la même vache léguée en héritage qui continua d'assurer à notre héros sa ration quotidienne de lait, donc sa survie.

Très jeune, Gorba Dikko avait une certaine emprise sur tous, vieux, grands, petits, hommes et femmes. Il jouissait de l'estime de certains, de l'admiration d'autres, mais tous le craignaient. Du reste, tout le monde reconnaissait unanimement qu'il était très aimable et chacun voulait sa compagnie, ses camarades, ses cadets et ses aînés. Pour ses camarades d'âge, il était naturellement le chef incontesté du groupe.

L'APPRENTISSAGE DE LA GENEROSITE

Un jour, Gorba Dikko invita ses camarades à une partie de chasse aux oiseaux *Soudas*[20], pratiquée dans la société traditionnelle Songhay-Zarma[21]. La chasse s'organisait les après-midi durant les périodes de soudure où les oiseaux avaient l'habitude de se réfugier dans les greniers et les pintades sauvages dans les termitières. Tous se munirent d'arcs et de flèches à l'occasion de ce qui apparaît comme un exercice d'entrainement en vue du renforcement des aptitudes à la chasse des jeunes enfants et adolescents. Gorba Dikko, lui, avait emporté les deux lances de guerre héritées de son défunt père. Pendant ces époques lointaines, les hommes avaient peu de savoir et avaient systématiquement recours à la pratique des feux de brousse destinée à débusquer le gibier pendant les parties de chasse. Gorba Dikko et ses amis s'enfoncèrent dans la brousse exposés aux écorchures douloureuses infligées à leurs pieds nus et aux brûlures des racines à moitié consumées par le feu. Des heures durant, nos jeunes chasseurs n'avaient capturé le moindre oisillon. La mort dans l'âme et la fatigue dans le corps, plusieurs d'entre eux marchaient en chuchotant leur mécontentement face à cette chasse bredouille dont ils attribuaient la faute à Gorba Dikko : « Il sait que nous ne capturerons rien ; il a juste voulu nous fatiguer pour rien. Il a juste voulu prendre plaisir en nous entraînant dans cette pénible mésaventure ».

Tous étaient mécontents, mais personne n'osait le dire ouvertement à Gorba Dikko de peur de contrarier le redoutable chef du groupe et provoquer son courroux. Mais, Gorba Dikko finit par entendre ce qui se susurrait depuis déjà un moment sur le chemin de retour. Partis depuis le matin, le soleil était à présent près de se coucher sur leur amertume et leur total découragement. Le chef du groupe leur demanda alors de faire un détour vers l'entrée ouest de la cité où le bétail de tout le village était gardé dans des enclos. Chaque soir, c'était là-bas que les bergers ramenaient les troupeaux après les pâturages. « Que veut-il encore nous faire subir ? » « N'a-t-il pas eu assez de nous voir souffrir, s'empressèrent de penser la majorité du groupe ». C'est aussi à cet endroit que la mère de Gorba Dikko faisait garder l'unique vache de la famille qui fournissait le lait dont se nourrissait son enfant.

Aussitôt arrivé, Gorba Dikko s'en alla vers un groupe d'éleveurs responsables des troupeaux et leur demanda de lui montrer sa vache. « Elle est là-bas », lui répondirent-ils en montrant la vache du doigt. Le jeune chef de groupe s'approcha alors de la vache, puis soudain, il brandit sa lance et la transperça de part et d'autre.

---

[20] Oiseaux divers chassés pour leur chair.

[21] Groupe ethnique du Niger habitant l'ouest du pays.

La vache s'écroula aussitôt. L'unique vache de sa famille, celle-là même qui lui assurait sa subsistance quotidienne, lui Gorba Dikko qui ne s'alimentait que de lait. Qu'allait-il advenir maintenant ? Comment sa mère allait-elle réagir à la disparition du seul bien que possédait sa famille orpheline et démunie ? A l'instant où il sacrifia la vache, aucune de ces pensées évidentes n'effleura l'esprit de Gorba Dikko. Tout ce qui le préoccupait à cet instant était de laver son honneur devant la sourde fronde de ses camarades. Il fit égorger la vache agonisante qu'il offrit par la suite généreusement à ses camarades. Libre à eux de griller et manger les morceaux sur place ou d'en emporter pour leur famille au village.

Pour Gorba Dikko, à défaut de criquets, de rats ou de petits oiseaux, ses camarades se consoleront avec de la viande de vache. Il conforte ainsi l'adage populaire qui estime que « lorsque l'on va à la recherche d'une aiguille au marché, trouver un sabre à défaut fait toujours plaisir ».

Gorba Dikko dilapida ainsi son héritage, il sacrifia sa source de survie. Une partie de la vache est dévorée sur place par certains tandis que d'autres en transportèrent chez eux quelques morceaux. L'honneur est sauf, mais à quel prix ? Les lendemains allaient être certainement difficiles. Comment annoncer à sa mère la catastrophe ? Comment lui expliquer qu'il venait de tuer son unique vache et qu'il en avait offert la viande à ses camarades pour leur faire plaisir ?

Gorba Dikko et ses camarades revinrent au village. Chacun s'en alla chez lui. Gorba Dikko rentra chez lui mais ne dit mot à sa mère de ce qui venait de se passer. A présent le soleil s'est couché. C'est désormais l'heure à laquelle la mère de Gorba Dikko va tous les soirs récolter le lait quotidien de son fils. Elle lava la calebasse à lait, la porta sur la tête et s'en alla vers le site des éleveurs en pressant le pas.

Arrivée à la hauteur des éleveurs, ces derniers lui demandèrent en chœur, non sans ironie : -« Mère de Gorba Dikko, où vas-tu ? » A cette question, la mère de Gorba Dikko répondit étonnée : -« Mais je viens bien sûr chercher le lait quotidien de mon fils comme d'habitude. » Les bergers lui annoncèrent alors l'hécatombe : « Hey, la vache, Gorba Dikko l'a tuée, et l'a offerte à manger à ses camarades. »

A peine avaient-ils fini de prononcer la phrase fatidique que la mère de Gorba Dikko, prise de folie, fondit en sanglots et se mit à trembler de tous ses membres. La calebasse tomba de sa tête et se brisa comme pour symboliser l'anéantissement de l'espoir d'une femme seule devant l'inimaginable caprice d'un fils trop fier et orgueilleux ; un fils qui venait de dilapider en un instant l'unique source de survie de sa famille. La nouvelle de la perte de la vache était douloureusement ressentie par la femme : désormais, telle une folle, elle mit ses deux mains sur la tête et se mit à courir vers la cité en hurlant : Way ! Way ! Way ! , « Le malheur est sur moi, je suis maudite, je vais perdre mon unique enfant. Qu'ai-je fait pour mériter ce malheur ?»

Toute la population se mit à consoler la vieille femme, mais en vain. Elle continua de crier de toutes ses forces. Ce n'était pas la perte de la vache en tant que telle qui la mettait dans cet état, mais c'était plutôt pour elle la certitude que son unique enfant ne survivra certainement pas. « Quel malheur, Dieu donne et ôte la vie ! Dieu est le garant de la vie de mon fils, cette unique vache est aussi le garant de sa vie ». Et à la vieille femme de se lamenter encore : « Je suis vieille, je sais que je vais mourir bientôt, mais mon fils mourra certainement de faim avant moi. »

Cette fois-ci, les lamentations de la vieille femme touchèrent son fils au plus profond de son âme. Atteint dans sa sensibilité, Gorba Dikko se leva brusquement, tint sa mère par l'épaule et l'interpella : « Mère, mère ! ». La vieille femme lui répondit : « Oui ».

- « Calme-toi, Dieu sera avec nous ; je survivrai grâce à Lui ». Devant l'intervention résolue du jeune homme, la mère de Gorba Dikko se tut enfin, la mort dans l'âme.

L'APPRENTISSAGE DE LA GUERRE

C'est grâce au lait de la vache héritée de son père que se nourrissait Gorba Dikko. C'est donc sa source de survie qu'il venait d'anéantir. Désormais sans aucun moyen, il lui était difficile de garantir son alimentation. Profondément touchés par la situation dans laquelle se trouvait désormais leur chef de groupe, les camarades de Gorba Dikko lui apportèrent du lait pour le dîner. Le lendemain, ils lui apportèrent encore du lait pour le petit déjeuner. Mais pendant combien de temps pourront-ils assurer sa ration de lait ?

A l'époque de l'Afrique des grands guerriers, l'époque de Gorba Dikko et de bien d'autres guerriers renommés, la guerre était pratiquée comme une activité lucrative. Les communautés se combattaient systématiquement pour étendre leur suprématie et la mainmise sur les richesses des perdants. Les plus fortes armées amassaient par la guerre d'immenses richesses au profit de leurs cités et de leurs nations. D'autres faisaient la guerre pour rechercher la gloire, pour le plaisir ou juste pour se prouver à soi et prouver aux autres que l'on était le plus fort. La guerre était donc une activité régulière, bien intégrée dans les mœurs.

Un jour, les guerriers de la cité de Dondou Gorba Dikko se mirent sur le pied de guerre. Ils avaient décidé d'attaquer une très grande cité voisine afin de satisfaire leur velléité d'expansion. Dés l'aube, tout le dispositif militaire est mis en œuvre pour envahir la ville qui devait être annexée. Tous les hommes en état de combattre participaient à l'expédition. Les plans furent minutieusement préparés, tout le monde attendait juste le signal du départ. A la surprise générale, Gorba Dikko encore tout petit, s'empara des deux lances héritées de son père et décida de suivre la troupe. Les guerriers surpris et agacés par l'extravagance de la décision du petit, exprimèrent fermement leur désapprobation : « Par le Seigneur et son prophète ! Es-tu fou petit garnement, sais-tu seulement ce qu'est la guerre ? Dégage stupide enfant. Retourne auprès de ta mère ! » Evidemment, les guerriers trouvaient Gorba Dikko encore bien jeune pour aller combattre. Il ne s'agissait pas de la chasse aux oiseaux ou aux rats. C'est d'une guerre qu'il s'agissait et la guerre, c'est l'affaire des grands. Dondou Gorba Dikko qui ne voulait surtout pas contrarier les adultes outre mesure, s'isola en donnant l'impression de s'exécuter. Mais lorsque tout le monde fût parti, il se mit à suivre le sillage poussiéreux des guerriers. Il les suivait à distance, armé de ses deux lances. Il avançait en évitant d'aller vite et de se faire surprendre, mais il évitait également de se faire distancer.

Enfin, les guerriers de la cité de Gorba Dikko arrivèrent à l'orée de la cité qu'ils avaient décidé d'attaquer. Ils chargèrent la ville et ce fut la mêlée générale. Les habitants de la cité attaquée étaient outragés par l'affront de ces guerriers audacieux qui osaient les défier jusque chez eux. La colère les galvanisa et quintupla leur motivation à la résistance. Alors, tous les hommes solides harnachèrent leurs chevaux, et très rapidement ils vinrent à bout des assaillants. Toujours sur les traces des guerriers de sa cité, Gorba Dikko entendit des bruits de sabots qui s'approchaient de plus en plus de lui. C'étaient en fait les siens en débâcle et pourchassés par l'armée adverse. A ce moment précis, Gorba Dikko s'arrêta net en plein chemin et s'appuya contre le tronc d'un gros arbre puis brandit sa lance. Il vit défiler l'un après l'autre tous les guerriers de sa cité, en fuite devant l'ennemi. Il reconnut tour à tour, parents, amis et connaissances. Tous défilèrent devant le petit guerrier, fuyant à bride abattue la contre-offensive de l'armée adverse.

Finalement, Gorba Dikko se retrouva face au grand chef de l'armée adverse, lui le tout petit guerrier que les siens trouvaient ridicule et effronté. Il ne donna pas au guerrier le temps de réagir et lui envoya la lance qu'il tenait de la main droite. La lance transperça le cavalier de part en part des oreilles en lui donnant l'aspect d'une croix. Il s'apprêtait à présent à lui lancer la seconde lance lorsque s'affaissa le chef des guerriers. Le jeune héros enfourcha l'énorme cheval de l'adversaire qu'il venait de tuer et s'empara de son sabre. Il prit les brides du cheval et chargea l'armée adversaire. Mais avant, il lança, ironique et fier, à l'intention des guerriers médusés de sa cité cachés dans les alentours pour suivre la scène incroyable : « Hey ! Désormais, vous avez en moi un sauveur». Mais aucun des guerriers ne prêta réellement attention à ce qu'il disait. Tous n'avaient qu'une seule chose en tête : pouvoir se sauver et rentrer sain et sauf à la maison.

Puis Gorba Dikko, tel un bolide chargea les guerriers adverses. Avant la mi-journée, exactement à l'heure à laquelle d'habitude on faisait boire les chevaux, il mit en déroute l'armée adverse qui recula jusque dans ses derniers retranchements au fond de sa cité. Le tout jeune guerrier tuait tous ceux qui tentaient de lui résister et incendiait les maisons. Finalement, il ne restait plus dans la cité que des prisonniers, des bœufs et chevaux qu'il amassa comme butin de guerre.

Le destin de Gorba Dikko, annoncé par les devins et confirmé par les rêves prémonitoires de ses parents commença à prendre forme. Désormais détenteur d'un immense butin de guerre, sa vie devait changer. Sa ration de lait de Gorba Dikko était garantie à jamais.

Les nuages de poussière que soulevait le bétail qu'il rapportait avec lui, donna l'impression aux siens que c'est l'armée adverse qui revenait se venger. Certains avaient préféré fuir à nouveau. Lorsque la foule reconnut finalement le retour triomphant de l'intrépide enfant, les commentaires et autres congratulations allèrent bon train. Certains reconnurent subitement que les prouesses guerrières de Gorba Dikko n'étaient pas si étonnantes que cela. N'était-ce pas après tout le guerrier à la grande destinée dont la venue avait été annoncée par tous ceux qui savaient lire le destin ?

Une fois dans la concession familiale, sa mère, ivre de joie, déclara : « Aujourd'hui, nous avons du lait et nous avons du bétail. » Gorba Dikko resta impassible devant la joie de sa mère. Le bétail qu'il rapporta était tellement abondant qu'il finit par dévorer toute la paille de clôture des concessions de sa cité.

C'est après ce haut fait guerrier alors qu'il était encore tout petit que commença la véritable renommée de Dondou Gorba Dikko. Le bruit courait de toute part dans les cités des environs qu'un « jeune guerrier fougueux, invincible et impitoyable est né dans la région et qu'il valait mieux implorer le Seigneur afin qu'il préservât toutes les cités de sa folle puissance destructrice et meurtrière ! »

LA QUETE DE L'ADJUVANT MAGIQUE

Gorba Dikko finit par entendre de lui-même ce qui se disait sur lui. Il finit par savoir toutes les craintes que suscitait sa personne. Il savait également que cette renommée allait lui attirer toute sorte d'adversités : certains voudront se mesurer à lui pour tester leur force et leur bravoure, d'autres tenteront de le battre pour s'emparer de tous les biens que lui-même a accumulés après ses innombrables victoires. Il était donc conscient de la nécessité de conforter sa force et de garantir son invincibilité contre toute forme d'agression. Sachant que la force naturelle ne suffisait pas toujours à elle seule, Gorba Dikko décida d'avoir recours aux forces occultes qui représentent les meilleurs adjuvants des grands héros dans leurs entreprises guerrières. Chaque héros a son fétiche, talisman et autres objets magiques qui lui permettaient d'assurer la victoire contre un adversaire invincible par la force humaine et celle des armes. Hormis les armes conventionnelles classiques, Boubou Ardo Galo avait le harnais magique de son cheval qui venait à bout des adversaires les plus redoutables. Elhadji Oumarou Foutiou avait son sabre magique et son chapelet béni de dieu dont chaque grain mobilise des milliers de guerriers prêts à mourir pour sa cause. Da Monzon avait son amulette à tête de chien qui crachait du feu et qui lui permettre d'anéantir les cités.

Gorba Dikko décida donc de recourir aux services d'un marabout dont la magie était la plus puissante de toute la contrée. Il alla le voir et après les salutations d'usage, il apostropha le féticheur : « Grand marabout, ta renommée m'a été rapportée, et je voudrais que tu me confectionnes un gris-gris qui me permettra, chaque fois que je suis en face d'un adversaire, de le tuer ou de le faire disparaître sous la terre ou dans les airs. » Le marabout lui répondit qu'il était tout à fait capable de confectionner le gris-gris, mais que les éléments requis pour la fabrication étaient hors de portée, qu'ils étaient difficiles à acquérir. Au bord de l'énervement, Gorba Dikko rétorqua : « Moi, Gorba Dikko, rien ne m'est impossible à trouver. Je déplacerai les montagnes, s'il le faut, j'irai dans le ciel et sous la terre. Dites moi ce qu'il faut pour confectionner le gris-gris.» Après un long silence, le marabout lui dit craintif : « le travail que tu demandes exige que l'on me rapporte un cobra géant de plus de dix mètres, vivant, que l'on maintiendra tandis que j'écrirai les formules magiques sur son corps, de la tête à la queue. »

Dondou Gorba Dikko mobilisa ses troupes pour la recherche du cobra géant. Tous les bras valides se mirent à l'œuvre, mais point de cobra. Ils cherchèrent dans toute la région et dans les régions voisines, en vain. Ils cherchèrent encore et encore, ils cherchèrent partout ; le cobra allait empêcher Gorba Dikko d'obtenir son arme magique infaillible. Finalement, ils se résolurent à s'adresser aux féticheurs qui avaient le pouvoir de voir l'invisible. Chez tous les féticheurs, ils présentèrent la même requête : trouver un cobra géant vivant. Tous avaient cherché selon des variétés de méthodes, mais en vain. Gorba Dikko finit tout de même par trouver un féticheur borgne dont la puissance est telle qu'il n'avait pas besoin de frapper ou de battre un homme pour le tuer. Il lui suffisait juste de toucher la personne pour lui ôter la vie. Alors, on pouvait aisément imaginer le sort du malheureux qui recevrait ses coups. La puissance et la science du féticheur borgne étaient absolument énormes. Tel qu'il l'avait fait jusqu'ici, Dondou Gorba Dikko s'adressa à lui. Le féticheur ne lui répondit pas. Il lui tourna le dos et se mit à dessiner des signes cabalistiques sur le sable blanc étendu devant lui. Il était en fait en train de questionner la terre, la terre qui ne ment jamais. Mais il n'eut aucune indication de la terre. Devant le silence des dieux, le féticheur se déshabilla, ôta son bonnet et s'assit presque nu. Il questionna à nouveau la terre mais toujours aucune réponse. Il finit par se dénuder complètement et se retrouva à présent totalement nu. Conformément à un cérémonial païen, le féticheur urina dans la pomme de sa main droite et s'en rinça le visage ; il se rassit tout nu et questionna la terre une ultime fois, puis s'exclama : « Ah bon ! »

Il se tourna alors vers Gorba Dikko et lui dit : « Ouvre bien tes oreilles et écoute ; ce que je vais te dire est la vérité. Que tu retrouves ce que tu cherches ou non, sache qu'il existe. » Le féticheur continua imperturbable : « Je vois un cobra dans le trou d'un grand baobab sur une colline, il n'en sort que les vendredis pour se promener. » Le féticheur expliqua qu'en réalité, le cobra dont il parlait, n'était pas un serpent ordinaire. Il n'avait rien à voir avec les petits cobras habituels qui crachent du venin pour aveugler hommes et animaux. Celui-ci était un vieux cobra mythique dont le corps hébergeait un démon. Le monstre existait depuis l'époque du roi Salomon et hibernait régulièrement pendant de longues années. Lorsqu'il sortait de son hibernation, sa tête se mettait à cracher du feu.

A la suite de cette révélation qui apparaissait comme une mise en garde implicite, Gorba Dikko impassible, récompensa le féticheur pour services rendus. Il monta à cheval et s'en alla. Gorba Dikko qui connaissait à présent l'arbre et la colline identifiés par le féticheur, envoya ses camarades quelques jours après pour vérifier la véracité de ses révélations. Les jeunes amis de Dondou Gorba Dikko n'étaient pas du tout enchantés par cette mission, mais ils ne voulaient surtout pas contrarier leur mandateur. En proie à leur douloureux dilemme, ils finirent par partir mais n'osèrent aller jusqu'à la colline, à plus forte raison, atteindre le baobab. La peur leur dicta de se tenir à une distance d'environ quinze kilomètres du trou du cobra. Ils préférèrent être suffisamment loin des lieux et se sentir à l'abri au cas où les choses devaient se passer mal. Malgré la distance, ils apercevaient le gigantesque baobab, et à l'aube ils virent soudain, et de façon très distincte, la lueur du feu qui jaillissait de la tête du serpent. Puis, ce fut la débandade : les jeunes gens se dispersèrent affolés et revinrent à la maison. Ils affirmèrent n'avoir rien vu et se mirent à maudire le féticheur et son gros mensonge. Bien sûr, ils s'étaient bien gardés de dire à Gorba Dikko qu'ils avaient fui, car il les aurait exécutés sans hésiter.

Un autre vendredi, il renouvela la mission, et cette fois encore, ses camarades s'arrêtèrent à la même distance du baobab abritant le serpent. Le même manège dura trois vendredis de suite. Le quatrième vendredi, Gorba Dikko harnacha son cheval qu'il appelait lui-même « cheval de la mort ». C'était le cheval qu'il avait pris au chef des guerriers adverses qu'il avait transpercé de sa lance lors de sa toute première expérience guerrière. Ses jeunes amis progressaient à pied tandis que Gorba Dikko les suivait sur son cheval. Comme à leur habitude, ils avaient voulu s'arrêter au même endroit, à distance du baobab. Mais Gorba Dikko les en empêcha. Cette fois ci, ils progressèrent jusqu'à proximité du baobab dans une position où ils n'auraient aucune difficulté à bien voir ce qui y sortirait. Mais le calme et la sérénité que montraient les jeunes amis de Gorba Dikko n'étaient que de façade. En réalité, ils étaient au fond d'eux même morts de peur et chacun ne réfléchissait en fait qu'à la meilleure façon de s'enfuir à la moindre alerte. Ils continuaient pourtant de donner une fausse impression de désinvolture par leurs causeries ininterrompues. Les jeunes causèrent jusqu'à l'aube, puis se turent car ils avaient tous conscience que le moment de la sortie hebdomadaire du serpent était proche. Soudain, le cobra apparut et les enfants prêts à prendre la poudre d'escampette, mais Gorba Dikko les en empêcha et leur lança : « Vous savez que l'on ne vit qu'une fois et que les morts ne se réveillent jamais ; alors je jure sur tous les dieux que quiconque d'entre vous fuira, je le retrouverai chez lui et le tuerai ; la mort qu'il fuit le trouvera à la maison. »

Dondou Gorba Dikko était toujours sur son cheval. Le cobra était maintenant complètement hors de son trou, la tête étincelante. Il était tellement énorme qu'il reposait en trois gros tas de nœuds. Le serpent se mit à enfler le cou, puis se dressa sur la queue et surplomba Gorba Dikko assis sur son cheval. Gorba Dikko donna soudain un coup d'étrier à son cheval et le serpent comprit aisément que c'est contre lui qu'il en voulait. Il se prépara en conséquence à la riposte et se mit à gonfler de tout son corps. Dondou Gorba Dikko se tint maintenant debout sur le cheval en face du serpent qu'il saisit vigoureusement. Un combat titanesque s'engagea entre lui et le cobra. Le serpent s'enroula autour de Gorba Dikko et autour de son cheval pour les étouffer et leur briser les os. Mais les camarades du héros, ragaillardis par sa bravade, lui prêtèrent main forte en se mettant à dérouler le serpent à partir de la queue. Gorba Dikko réussit à maîtriser le cobra en exerçant une forte pression avec sa main droite sur la mâchoire supérieure et avec sa main gauche sur la mâchoire inférieure. Fatigué et défait, le serpent abdique. Tous ensembles, ils l'emportent chez le marabout où

Gorba Dikko s'annonça : « Paix sur toi, marabout ! ». Le marabout sortit et vit devant sa case le monstrueux cobra de près de 30 m. le marabout se tourna vers Gorba Dikko et lui dit : « Tu as donc réussi à rapporter le cobra ! » Gorba Dikko lui répondit : « Il est là, sans aucun doute ». Après quelques minutes d'un préparatif rituel, le marabout s'adressa à Gorba Dikko : « Toi, tu attrapes bien la tête du serpent et les enfants la queue.» Ensuite, le marabout entama une série d'écritures sur la peau du serpent en partant à chaque fois de la tête à la queue. Lorsqu'il finit d'écrire les formules magiques susceptibles d'assurer l'invulnérabilité de Gorba Dikko, le groupe reprend le serpent et s'en allèrent chez le cordonnier.

Tout comme il l'avait fait chez le marabout, Gorba Dikko s'annonça : « Paix sur toi, cordonnier ! ». Puis il ajouta sans attendre : « J'apporte ce qu'il faut pour que tu me confectionnes une ceinture magique ». Le cordonnier, surpris et terrorisé par le service que demandait son interlocuteur, répliqua instantanément : « Comment ! Tu veux que je confectionne une ceinture magique avec un serpent vivant et monstrueux ! » Devant l'invective et la menace sérieuse de Gorba Dikko, le cordonnier intimidé et apeuré, n'avait d'autre choix que de s'exécuter. « De toute façon, si je refuse, il me tuera, pensait-il. »

Les apprentis du cordonnier se mirent à découper les morceaux de lanière de cuir nécessaires à la confection de la ceinture qui recouvrira le serpent. Après plusieurs heures de labeur, ils finirent par réunir tous les morceaux en une bande de cuir à la taille du cobra, de la tête jusqu'à la queue. Au moment où il atteignit la tête du serpent, la peur finit par avoir définitivement raison du cordonnier qui perdit connaissance. Gorba Dikko se résolut alors à coudre lui-même la ceinture au niveau de la tête du cobra. Il attacha la ceinture et s'en retourna chez le marabout.

Le marabout lui jura par le Seigneur et son Prophète qu'avec cette ceinture magique, aucun adversaire ne pourrait désormais lui résister. Quiconque l'affronterait s'envolera dans les airs, disparaîtra dans les entrailles de la terre ou mourra par les mains de Gorba Dikko. Il n'y aurait aucun doute sur l'issue du combat. Il retourna également voir le féticheur qui lui confirma que le travail est achevé. Le féticheur lui dit : « Moi, mon contrat ne comportait pas d'objet magique. Je m'étais engagé à trouver le cobra, je l'ai trouvé et tu l'as capturé ». Gorba Dikko demanda tour à tour au marabout et au cordonnier si leur travail était achevé. Chacun d'eux lui répondit que sa mission était bien remplie. Gorba Dikko tua alors le marabout, le féticheur et le cordonnier. Il les tua car pour lui, si ces acteurs impliqués dans la confection de sa ceinture magique survivaient, ils pourraient offrir le même service à un adversaire. Il refusa d'admettre ce risque. Il les tua tous et revint chez lui, désormais invincible et plus redoutable que jamais.

LES EXPERIENCES DE LA PEUR

Avec la nouvelle ceinture qui le rendait invincible et qu'il était seul à posséder au monde, Gorba Dikko devint un *"Wangoukoy",* un maître de la guerre. De l'adolescent qui jubilait à l'envie d'accompagner les guerriers de sa cité dans les faits d'armes, il devenait désormais le chef de guerre que l'on aimait accompagner au combat.

Mais plus le temps passait, plus Gorba Dikko redoublait de force et de bravoure. Il suscitait encore plus de crainte. Ses prouesses guerrières se racontaient partout. Gorba Dikko chef de guerre, multipliait les conquêtes et sa renommée dépassait désormais largement les frontières de sa contrée et de son pays. Le guerrier prédestiné devint un homme très célèbre, mais aussi très craint et redouté. La popularité de Gorba Dikko est telle que sa concession était plus fréquentée que la cour du roi. C'est chez lui que les hommes valeureux, les grands guerriers des environs aimaient se retrouver pour échanger, discuter et raconter chacun ses exploits.

Un jour où, comme à l'accoutumée, les hommes étaient rassemblés chez Dondou Gorba Dikko et les causeries allaient bon train. Untel expliqua comment telle bataille avait été gagnée, un autre raconta les maléfices contre lesquels il avait dû faire face à tel endroit. Chacun racontait ce qu'il pensait avoir vécu d'extraordinaire. C'est ainsi que tour à tour tout le monde parla de ses prouesses, des jours victorieux, des jours laborieux ainsi que des mauvais jours avec les défaillances subies et les peurs vécues. Gorba Dikko, lui, ne dit mot, se contentant seulement de les écouter. Soudain quelqu'un l'apostropha : « Gorba Dikko, n'as-tu jamais eu peur de ta vie ? Ou alors tu te tais parce que tu es le maître des lieux ? » Gorba Dikko répondit à l'homme : « La parole est comme une louche, tu ne la touches que lorsqu'on te la passe. »[22] Mais pour répondre à la sollicitude du groupe, Gorba Dikko pensa qu'il était en devoir de parler lui aussi de ses expériences vécues. Le héros annonça ainsi que dans sa vie, il n'a connu le sentiment de la peur que trois fois. Pourtant, c'est depuis l'âge de sept ans qu'il débuta sa carrière de guerrier et ses faits d'armes. Vivement intéressée de connaître ces circonstances exceptionnelles, l'assistance se tut et arrêta quasiment sa respiration. Tout le monde se tenait toute ouïe devant le maître de maison.

[22]La louche est un ustensile traditionnel qui sert à boire les boissons en groupe. Habituellement le groupe utilise la même louche que tout le monde utilise à tour de rôle.

GORBA DIKKO DANS LA FORET MAUDITE

Alors, Gorba Dikko commença la narration de sa toute première expérience de la peur. C'était dans une très grande étendue de forêt où il n'y avait aucune trace de vie humaine. La forêt pullulait d'animaux sauvages dangereux : des lions, des hyènes, des éléphants et des tigres, mais elle avait surtout la réputation d'abriter des êtres surnaturels et redoutables. Dans la région, personne ne se hasarderait à pénétrer ce sanctuaire, même de jour. La mémoire collective rapportait que les quelques hommes qui avaient osé un jour bravé la forêt ont été retrouvés souvent le crâne fracassé ou défoncé par quelque mauvais démon, ou à moitié dévoré par les fauves, ou encore transpercé de part et d'autre par les défenses d'un éléphant. Dondou Gorba Dikko rapporta que lui et ses compagnons étaient allés porter la guerre contre une cité des environs et qu'ils avaient fini le vingt-deuxième jour de leur expédition par s'égarer après une longue pluie diluvienne. Inquiets, tous les guerriers se demandaient si finalement le chemin qu'ils avaient emprunté et les circonstances météorologiques ne les avaient pas conduits au fond de cette forêt maudite que tous redoutaient. Ils continuèrent à se poser mutuellement la question bien que la plupart sussent qu'ils étaient bien dans la forêt de la terreur.

Au même moment, une vieille femme s'était elle aussi égarée dans la forêt. Elle était partie à la recherche du Kasi[23] à l'orée de la forêt maudite et s'était vue attaquée par des lions qui voulaient la dévorer. Très paniquée par la décision des fauves, la vieille se refugia dans un arbre qu'elle grimpa très facilement comme si elle avait été une adolescente de dix huit ans. La vielle dame était tellement sous l'emprise de la peur qu'elle donnait l'impression de grimper l'arbre sans effort. Résolue à sauver sa vie en danger, la vieille se réfugia très haut dans l'arbre, sur les plus hautes branches qui la supportaient à peine. Elle attendait là-bas que la providence vînt à son secours. Affamés et obstinés à garantir leur dîner, les lions décidèrent d'attendre au pied de l'arbre en se pourléchant de temps à autre les babines. Les lions espéraient que la vieille femme finirait par tomber. Pendant ce temps, Gorba Dikko et les guerriers continuaient à marcher, en se posant mille et une questions. La femme entendit alors le bruit des sabots des chevaux qui avançaient dans la nuit noire. Du haut de l'arbre, soudain, elle se dressa et sans que l'on ne sût comment, elle avait reconnu Gorba Dikko et se mit à crier : « Hey ! Dondou Gorba Dikko, il n'existe aucun homme ni à l'Est, ni à l'Ouest, ni au Sud, encore moins au

[23]Feuilles vertes comestibles.

Nord dont le cheval soit capable de fouler le sol aussi tranquillement que Buuda Baada[24]. Je sais que c'est toi, je t'en prie, sauve-moi la vie pour l'amour de Dieu ».

A partir de cet instant précis, ce fut une grosse débandade dans les rangs des guerriers qui accompagnaient Gorba Dikko. Chacun pensait que la voix était forcément celle d'un être démoniaque et tous usèrent de violents coups d'étrier pour se retrouver le plus loin possible de cet endroit maudit. Ils fuyaient tous en criant : « Nous sommes fichus ! Nous sommes passés par le mauvais côté de la forêt maudite. Ce sont les démons qui nous agressent, nous sommes morts ». Dans le silence pesant de la nuit sans étoiles, Dondou Gorba Dikko se retrouva tout seul, abandonné par ses compères qui avaient succombé à la panique. Il s'arrêta brusquement, puis donna un coup d'étrier à son cheval et fonça en direction de l'arbre d'où provenait la voix. La vieille dame continua de crier et Gorba Dikko continua d'avancer vers elle. Il arriva en trombe, puis immobilisa le cheval sous l'arbre, le nez contre le tronc. Soudain, l'un des lions bondit en direction de Gorba Dikko. Et là, pat ![25] Gorba Dikko le fendit en deux avec son sabre. Effrayé par le sort de son congénère, le second lion préféra fuir vers une proie plus abordable.

La femme descendit alors de la cime de l'arbre où elle s'était refugiée, jusqu'au niveau du tronc où Gorba Dikko, impassible, se tenait toujours sur son cheval, le sabre à la main. Arrivée à la hauteur du cheval, la femme se saisit des épaules de Gorba Dikko pour monter sur le cheval. Gorba Dikko prit ainsi la femme en croupe jusqu'à son domicile, sans jamais se retourner durant tout le trajet pour voir ce à quoi elle ressemblait. Il ne s'était jamais retourné pour vérifier s'il s'agissait bien d'une humaine ou s'il avait vraiment affaire à un démon. Arrivé finalement dans sa cité, il alla à son domicile et dit à la vieille femme, sans la regarder, en lui montrant du doigt une case : « Voici la case réservée à mes hôtes, descend pour y passer la nuit ». La vieille dame dormit jusqu'au matin. Quelques uns des compagnons qui l'avaient abandonné la veille, vinrent chez Gorba Dikko de bon matin pour s'enquérir de son état. Il leur demanda d'aller dire bonjour à son étrangère en son nom : « Hey ! J'ai un étranger que j'ai ramené la nuit dernière de la forêt ; allez lui dire bonjour de ma part ». Ils répliquèrent aussitôt en chœur : « Que Dieu nous en garde ; c'est plutôt à toi d'aller voir le démon que tu as ramené ; si nous avions ce courage fou, aurions-nous fui la nuit dernière ? »

Dondou Gorba Dikko répondit : « C'est juste, vous n'avez pas tort ». Face à la réaction de méfiance mêlée de peur de ses compagnons, Gorba Dikko pouffa de rire et alla jeter un coup d'œil dans la case où était logée l'inconnue. A sa grande surprise,

---

[24]Buuda Baada est le nom du cheval de Dondou Gorba Dikko.
[25]Onomatopée.

il réalisa tout de suite que la dame était humaine et qu'il la connaissait. C'était bien une vieille dame qui résidait dans la cité. Sa première réaction en voyant son sauveur fut de proclamer sa bravoure à l'intention des compagnons du héros : « A aucun moment il ne s'est retourné pour me regarder depuis l'instant où il m'a prise en croupe jusqu'ici. Il ne s'est à aucun moment retourné pour savoir si je suis un être humain ou non ; il n'a même pas esquissé le moindre mouvement quand je suis montée avec lui ; même son boubou n'a pas bougé : il est resté imperturbable. Quel homme sans peur ! ».

Cette nuit-là en réalité, Dondou Gorba Dikko avait eu peur. Il avait eu très peur, mais la vieille dame qu'il avait sauvée ne s'en était doutée à aucun moment parce qu'il avait fait preuve de courage et de don de soi. Avoir vécu la peur sans en avoir donné l'impression, est-ce vraiment la peur ? La peur ne s'exprime t'elle pas d'abord par des signes extérieurs chez celui qui la vit ?

GORBA DIKKO ET LES CROCODILES

Aussitôt après la narration de cette première expérience, l'audience impatiente, lui demanda d'enchaîner les deux autres situations annoncées dans lesquelles le guerrier reconnut avoir fait l'expérience du sentiment de la peur. Ainsi, Dondou Gorba Dikko leur raconta qu'un jour, lui et ses compagnons étaient partis guerroyer. Ils s'en étaient allés à la recherche d'adversaires à combattre. Ils marchèrent toute la journée en vain. Ils ne trouvèrent aucun guerrier à combattre, donc aucune perspective de butin à amasser. Ils suivirent le long de la rive du fleuve pendant un long moment. Sur l'autre rive se trouvait un jeune berger peul qui faisait paître ses animaux. Ayant reconnu Gorba Dikko, le guerrier que d'aucuns redoutaient, le jeune homme, convaincu qu'il était à l'abri du guerrier sur la rive opposée et désireux de faire acte de bravoure l'interpella : « Hey, Gorba Dikko, que ta mère qui t'a mis au monde aille au diable ! » Pensant qu'il avait du mal entendre ce qu'avait dit le jeune pasteur, Gorba Dikko se retourna vers ses compagnons pour leur demander ce que le jeune peul venait de dire. Tous avaient entendu les propos désobligeants mais personne n'osa les lui répéter. Ils préférèrent répondre qu'ils n'avaient pas bien entendu à cause du vent qui soufflait fort. Le jeune homme interpella une fois encore Gorba Dikko : « Hey : Gorba Dikko, que ta mère aille au diable ! ». Gorba Dikko redemanda encore à ses compagnons ce que venait de dire le jeune peul. Ils répondirent que, par Dieu, ils n'avaient encore pas entendu à cause du vent qui soufflait fort.

Mais en réalité, les compagnons de Gorba Dikko avaient parfaitement entendu ce que le jeune berger avait dit mais ils avaient peur de le répéter. Ils avaient peur. Ils savaient que Gorba Dikko avait fait le serment de tuer quiconque insulterait sa mère. Alors, répéter les propos du jeune peul pouvait paraître tout aussi insultant. Lorsque, pour la troisième fois, le jeune peul interpella Gorba Dikko, par les mêmes termes, le guerrier ne posa plus de question à personne. Il saisit brutalement les rennes de son cheval et s'engouffra dans le large fleuve en crue. Le cheval se mit à nager aussi vigoureusement que s'il était au galop. Il transperçait l'eau tandis que le jeune homme, immobile l'observait venir, assuré que jamais un cheval ne pouvait, en aucune façon, traverser le grand fleuve à la nage. Mais à sa grande stupeur, sous la colère qui l'animait, Gorba Dikko fit pression sur son cheval qui finit par rallier la berge sur laquelle était le malheureux jeune éleveur. Le jeune homme prit la fuite en abandonnant son bétail, mais Dondou Gorba Dikko le rattrapa très vite et le frappa avec le plat du sabre. Il tomba à la renverse et s'adressa tremblotant de frousse à Gorba Dikko : « Epargne-moi la vie pour l'amour de Dieu et de son Prophète ; épargne-moi la vie pour l'amour de ton père et de ta mère. Je le sais, tu le sais, tout le monde le sait, tu es plus fort que moi ». Gorba Dikko rétorqua : « Mais qu'est-ce qui t'a poussé à proférer de tels propos contre ma mère ? »

Le jeune homme lui répondit qu'il avait compté sur l'obstacle qui les séparait, c'est-à-dire le fleuve qu'il pensait être une barrière infranchissable. Dondou Gorba Dikko décida de lui laisser la vie sauve, mais il lui serra les mâchoires, puis lui extirpa la langue, cette maudite langue qui lui a permis de prononcer les propos insultants à l'endroit de sa mère ! Il regarda le jeune homme droit dans les yeux et lui dit avec fermeté : « Je te laisse la vie sauve puisque tu me l'as demandé pour l'amour de Dieu et de son Prophète et pour l'amour de mon père et de ma mère que j'aime tant. Tu retourneras chez toi, certes, mais tu n'auras plus de langue pour m'insulter et le raconter à quelqu'un d'autre. »

Dondou Gorba Dikko trancha la langue du jeune insolent, reprit son cheval et le replongea dans le fleuve pour retrouver ses compagnons. Ils étaient en plein milieu du fleuve lorsque soudain, surgirent deux crocodiles qui nageaient droit dans leur direction, l'un venant de l'aval, l'autre de l'amont. Arrivés à proximité de Gorba Dikko, les deux crocodiles ouvrirent simultanément leurs gueules, avec la ferme intention de l'avaler, lui et son cheval. Subitement Gorba Dikko éperonna le cheval qui fit un bond de plusieurs mètres en avant, échappant in extremis aux reptiles dont les gueules s'entrechoquèrent et s'entremêlèrent, chacun d'eux pensant avoir refermé les mâchoires sur le guerrier et son cheval. Ils se mirent à se donner de violents coups de queues et de mâchoires. Sous la violence du combat de titans, le fleuve dont l'eau était si limpide s'était transformé en une étendue de boue épaisse. Gorba Dikko désormais hors de portée des crocodiles fit demi-tour, profita de la confusion et leur trancha la tête à l'aide de son sabre. Ce jour-là encore, Dondou Gorba Dikko avait eu peur, il avait eu très peur, mais les deux crocodiles eux, ne pouvaient pas s'en apercevoir car le héros les avait tués.

GORBA DIKKO ET LE PYTHON

A peine avait-il fini la deuxième histoire que l'assistance s'impatienta pour connaître les circonstances dans lesquelles il avait connu la peur pour la troisième fois. « Raconte-nous ce qui s'est passé la troisième fois », demandèrent les jeunes guerriers dont la plupart vouaient à Dondou Gorba Dikko une admiration mêlée de jalousie et d'envie. C'était lointain, mais Gorba Dikko se rappela de ce troisième rendez-vous de la peur comme si c'était hier. Ce jour là, il était parti sur son cheval sans but précis, il espérait juste trouver quelque armée en chemin pour croiser le fer. Il voulait vaincre l'ennui car le grand guerrier n'était vraiment heureux que face à l'adversaire et il lui arrivait, lorsqu'il ne se passait rien aux alentours de sa cité, d'aller loin, souvent très loin chercher un adversaire à combattre. Ce jour là, il avait longtemps galopé et trotté dans la brousse bravant des lieux connus et inconnus qui avaient tous la particularité d'être sinistres et de susciter angoisse et inquiétude. Depuis le matin, il avait été bien seul dans des zones où rares étaient les guerriers qui oseraient s'aventurer. Il n'avait pour seul compagnon et guide que son cheval. Le soleil touchait presque le zénith lorsque soudain, le ciel se couvrit de nuages et laissait entendre des grondements assourdissants. Le ciel criait sans arrêt et les animaux de la brousse lui répondaient. La tempête qui venait de se déchaîner était épouvantable, et Dondou Gorba Dikko n'avait aucun moyen de s'abriter contre cette nature en furie. Il se demandait machinalement ce qu'il fallait faire quand, comme par enchantement, il aperçut l'entrée d'une grotte. L'ouverture de la grotte était assez grande pour faire passer le cavalier et son cheval. Devant la délicatesse de sa situation, Gorba Dikko ne se posa pas de question et s'engouffra dans le trou noir. Il avança lentement. Après quelques centaines de mètres dans les entrailles de la terre, il déboucha sur un grand espace dont les parois rocailleuses abritaient en hauteur des milliers de chauves-souris dont les senteurs ammoniacales des excréments se conjuguaient avec la forte humidité ambiante pour rendre l'air difficilement respirable. C'était pourtant à cet endroit que Gorba Dikko décida de se reposer. Il descendit du cheval qu'il déchargea du volumineux harnais. C'était déjà le crépuscule et dehors l'orage battait son plein. Il étala un tapis dans l'intention de se remettre d'une journée harassante où il n'avait même pas trouvé le réconfort d'un bon combat.

C'est au moment où il se coucha que Gorba Dikko constata qu'en fait, lui et son cheval se tenaient tout simplement sur un gigantesque serpent qui ne s'était aperçu de rien, malgré leur poids.

Dondou Gorba Dikko resta là jusqu'à la fin de l'orage. Sans se hâter, il tira son cheval et s'engagea vers la sortie. Une fois à l'extérieur, il attacha le cheval à un grand arbre avant de s'engouffrer de nouveau dans la grotte où il passa toute la nuit à fureter. Quelques heures après, il finit par retrouver la tête du serpent qu'il trancha avec son sabre, et avant que le serpent ne se déployât pour obturer l'entrée de la grotte, Gorba Dikko parvint à s'extraire du trou infernal. Ce jour-là également, notre héros avait eu peur, il avait eu très peur mais le serpent, lui, ne s'en était pas rendu compte puisqu'il l'avait tué.

Après avoir raconté les trois circonstances dans lesquelles, il pensait avoir connu le sentiment de peur, l'assistance conclut que Dondou Gorba Dikko ne connaissait pas la peur. « Gorba Dikko, tu ne connais pas la peur, tu ne l'as jamais connue » s'exclama-t-elle en chœur.

LES DEFIS

Cependant, un jeune guerrier fougueux et un peu jaloux que Gorba Dikko lui vole la vedette, réagit différemment : « Hey ! Gorba Dikko, tu essaies de nous berner. Tout ce que tu viens de nous raconter n'est qu'affabulation, tout est faux. Si tu me demandes, à moi, de te montrer la peur, tu ne survivras pas deux jours ». Gorba Dikko accepta le défi et en plus, promit au guerrier une récompense de dix chevaux, dix bœufs et dix moutons si jamais il réussissait à lui montrer ce qui pouvait lui faire peur. L'homme n'était nullement convaincu de la sincérité des témoignages qu'avait rapportés Gorba Dikko et voulait mettre à l'épreuve le héros. Il lui indiqua comme épreuve la traversée d'une forêt que personne n'évoquait même dans les potins, tellement elle inspirait l'effroi même chez les guerriers les plus redoutables. Traverser cette forêt relèverait du miracle car même si l'on parvenait à se mettre à l'abri des centaines de pillards impitoyables qui y pullulaient, comment ferait-on pour survivre aux grands fauves qui l'habitaient ? Gorba Dikko accepta de s'y rendre mais en plus, il décida d'y amener son abondant bétail afin de provoquer et d'encourager la convoitise des hommes et des lions. Il demanda à ses quatre bergers de conduire ses troupeaux de bovins dans la forêt. Mais, Gorba Dikko, accompagnée de son griot, devança les bergers et leurs animaux dans la forêt. Il passa la journée à massacrer des lions pour pouvoir se forger un passage et délimiter l'espace pour l'établissement de son camp. Les rois de la forêt réalisèrent que le guerrier allait sans doute les exterminer et se résolurent à prendre la fuite.

GORBA DIKKO CONTRE LES PILLARDS

Par la suite, les bergers arrivèrent avec les troupeaux qu'ils laissèrent dans la forêt. Peu de temps après leur arrivée, une armée de pillards composée de mille chevaux les attaqua. Mais Gorba Dikko contre-attaqua et s'engagea dans la destruction systématique des assaillants. Lorsqu'il finit par tuer les deux tiers des combattants, ceux qui avaient pu survivre jusque là, se résolurent eux aussi à la fuite pour aller donner l'alerte à leurs compagnons restés à l'arrière. Les pillards paniqués parlèrent à leurs compagnons de plusieurs centaines d'adversaires, probablement au moins deux milles. Gorba Dikko, son griot et les quatre bergers passèrent la nuit avec les troupeaux de bœufs dans la forêt. Le matin, à l'aube, ils essuyèrent l'assaut d'une armée de mille combattants venus en renfort. Gorba Dikko en extermina six cents ; les quatre cents survivants prirent la fuite pour aller porter l'information à ceux qui n'avaient pas pris part à la bataille. Ils leur racontèrent que les adversaires étaient bien plus nombreux qu'eux, que le combat avait été très violent et que personne ne pouvait réellement déterminer le nombre exact de combattants de l'armée adverse. Ils ajoutèrent que même les griots ont pris part aux combats. Or, Gorba Dikko était seul au front, il n'était accompagné que de son griot dont la mission consistait à galvaniser son héros en chantant ses prouesses.

Dondu Jika Djibrila !
Ton père a rêvé que tu défieras le malheur,
Ta mère a rêvé que tu défieras le malheur,
Ton cheval a rêvé que tu défieras le malheur.

Plus tard dans la même journée, le griot de Gorba Dikko se promenait dans les alentours du camp établi la veille lorsqu'il aperçut un nuage de poussière qui défiait le ciel. La forêt s'était emplie de la poussière soulevée par les chevaux de nouveaux renforts de l'armée des pillards. Le griot s'enquit de la situation et courut en informer son maître : « Hey Gorba Dikko ! Hey Gorba Dikko ! Tes bœufs sont déjà regroupés par les pillards, il ne leur reste plus qu'à les emmener ». Tranquille et impassible, Dondou Gorba Dikko se contenta de demander au griot : « C'est vrai ce que tu me racontes ». - « Il n'y a aucun doute là-dessus » lui répondit le griot.

Dondou Gorba Dikko se leva alors, fit craquer ses doigts, dégaina son sabre et s'adressa au griot : « Toi, contente toi de jouer ton Moolo[26], moi je m'occupe du reste ». Puis, il ajouta, « Si je t'envoie en mission, iras-tu la remplir ? ». Le griot répondit : « Quelle question Dondu Jika Djibrila ! Bien sûr que j'irai. Si tu m'envoies en enfer, j'irai sans hésiter car je sais que quoi qu'il arrive, tu viendras me chercher. Ordonne et je vais ». Gorba Dikko dit au griot : « Tu demanderas à voir le grand chef de toute l'armée des pillards, puis tu lui diras que je ne suis pas l'égal de son père, ni de sa mère, à plus forte raison, son égal à lui. Tu lui diras aussi que si une seule épine blesse une de mes bêtes, je brûlerai toute la brousse et l'anéantirai lui et tous ses compagnons. ».

Le griot s'en alla remplir sa mission. Il trouva le chef de guerre, se présenta, puis le salua. Mais au préalable, il demanda quel sort était réservé au messager qui délivrerait un message insultant. On lui répondit qu'un vrai chef digne de ce nom ne s'en prend jamais à un messager qui n'est nullement responsable de la teneur de son message. Sa mort ne saura laver le moindre affront. Rassuré, mais tremblotant, le griot communiqua alors au chef de guerre le contenu du message transmis par son maître. Le chef de guerre écouta attentivement et s'adressa à son tour au griot : « Tu diras à Gorba Dikko que son insolence et sa sottise l'ont poussé à amener paître plus de quatre mille bêtes dans cette forêt ; je considère cela comme un don de Dieu. Que Dieu donc le bénisse ».

Le griot de retour, transmit fidèlement le message à son maître. Dondou Gorba Dikko sella son cheval, le monta puis chargea l'armée des pillards. Juste muni de son sabre, il se mit à les tuer. Il décapitait certains et démembrait d'autres. Toute la forêt fut inondée de chevaux et de bœufs, le butin de guerre pris à l'ennemi. Gorba Dikko ordonna à son griot de les conduire dans sa cité et de les distribuer aux nécessiteux. Gorba Dikko refusa de quitter la forêt où il avait décidé d'élire domicile. Mais les notables du village avaient décidé de l'en dissuader car sans lui, leur cité serait vulnérable à l'attaque des guerriers aventuriers ou des pillards. Gorba Dikko finit par accéder à leur supplication et revint s'installer dans la cité.

Dés son retour, Gorba Dikko se rendit au domicile de l'homme qui voulait tester sa bravoure en le mettant à l'épreuve de traverser la dangereuse forêt. Dés qu'il le vit, il lui dit : « Je viens à l'instant de l'endroit que tu m'as indiqué ; je n'ai senti aucun frisson, encore moins de la peur ». L'homme rétorqua : « Gorba Dikko, sois modeste ! Tu t'en es sorti cette fois-ci, mais j'ai une autre possibilité de t'apprendre ce que c'est la peur. »

---

[26] Le Moolo est une sorte de luth à trois cordes. Le terme Moolo est également employé pour désigner l'air musical produit par cet instrument et le récit épique qu'il accompagne.

GORBA DIKKO CONTRE LE ROI SANGUINAIRE

Gorba Dikko lui réitéra lui aussi que sa récompense tenait toujours si jamais l'homme parvenait à trouver quelque chose qui lui fît peur. Par ailleurs, cette fois-ci, la récompense qu'il lui concéderait, serait multipliée par dix et les espèces d'animaux illimitées. Si jamais, il parvenait à lui montrer quelque chose susceptible de l'effrayer, Gorba Dikko lui donnerait non seulement cent chevaux, cent bœufs et cent moutons, mais il donnerait en plus cent animaux de toutes les espèces se trouvant dans la cité, y compris les poules, les chiens et les chats. L'homme indiqua à Gorba Dikko que la nouvelle épreuve consistait à aller dans le royaume d'un roi sanguinaire et puissant et prendre pour épouse la femme du prince. La tyrannie et la férocité du roi y était sans commune mesure. Là-bas, lorsqu'on entendait hurler les hyènes, le souverain demandait toujours de tuer quelques hommes pour les nourrir. « Les pauvres ! Ils ont si faim » argumentait le roi. De même lorsque les oiseaux de proie se mettaient à tournoyer dans le ciel, le roi demandait toujours de tuer des hommes dont les dépouilles serviraient à les calmer. C'est donc la femme du fils de ce roi que Gorba Dikko devait ravir et l'épouser.

Le lendemain, prêt à relever le défi, Dondou Gorba Dikko mit quatre mesures de cola dans sa gibecière, prit son Kountidji[27] et enfourcha son cheval. Il prit la route dans les profondeurs de la nuit noire, tout seul. Même son compagnon de toujours, le griot, n'était pas avec lui ce jour là. Il voulait éviter que l'on pensât qu'il s'était fait aider par ce dernier. Gorba Dikko marcha pendant sept jours dans l'inconnu. Le huitième jour, il arriva à l'entrée de la cité.

Dondou Djika Djibrila !
Ton père a rêvé que tu feras face au malheur,
Ta mère a rêvé que tu feras face au malheur,
Ton cheval a rêvé que tu feras face au mal.

Juste à l'entrée de la cité du roi sanguinaire, Dondou Gorba Dikko croisa un vieil homme qui de très bon matin, allait aux champs. La sagesse populaire voudrait qu'un vieux monsieur à cette heure de la journée sur le chemin des champs fût un sage. Le héros le salua selon les usages et lui posa une question cryptée qui n'est comprise que des sages ou des jeunes initiés : « Mon père, existe-t-il dans votre ville un grand arbre sur lequel peut se reposer un oiseau ?[28] - Le vieil homme lui répondit : « Il n'y en a pas, fils ». Dondou Gorba Dikko reprit sa question à l'intention du vieil

---

[27] Instrument de musique traditionnelle sous la forme d'une petite guitare.

[28] Manière imagée de demander s'il y avait une maison où résiderait une belle femme que tout homme convoiterait dans la cité.

homme. Cette fois-ci, l'homme lui répondit sèchement comme s'il s'agissait d'une mise en garde : « Jeune homme. Ma première réponse n'est pas fortuite ; il y a bien un grand arbre sur lequel un oiseau peut se poser. Seulement, tout oiseau qui tentera de s'y poser, aura les ailes brisées, il ne pourra plus s'envoler. C'est pourquoi, tu dois considérer qu'il n'y en a pas ». Par la suite, le vieil homme ajouta : « Regarde la maison là-bas, trois œufs d'autruche sur le toit ; c'est la maison du fils de notre roi ; c'est un grand arbre, mais tout oiseau qui s'y aventure aura les ailes brisées ». Visiblement satisfait des renseignements qu'il venait d'obtenir, Dondou Gorba Dikko éclata de rire et offrit quatre noix de cola au vieil homme.

Habituellement, lorsque Dondou Gorba Dikko voyageait, il demandait généralement l'hospitalité à la première concession qu'il trouvait sur son chemin quelle qu'elle fût ; il ne choisissait pas son lieu d'hébergement. Mais ce jour-là, le hasard voulut que la première maison du village fût celle d'une vieille femme démunie de toute ressource. De modeste condition sociale, la vieille était très pauvre et vivait à l'écart des autres habitants de la cité. La cité toute entière pouvait être détruite sans que cette vieille femme ne s'en aperçût. Elle fut très surprise de recevoir la visite d'un étranger, elle, la laissée-pour-compte à qui personne ne s'intéressait. Elle accueillit le guerrier selon les usages et lui offrit son hospitalité, à lui et à son cheval.

Le lendemain matin, Gorba Dikko informa son hôtesse de son intention d'aller se promener dans la cité. La femme réagit vivement : « Attention jeune homme ! Dans notre cité, il règne une terreur sans commune mesure. On s'en prend facilement et gratuitement aux paisibles gens ; cela pourrait t'arriver. Or, après l'honneur que tu m'as fait d'accepter de partager ma chaumière, que l'on s'en prenne à toi, me brisera certainement le cœur, et je n'y peux rien. S'il te plait, reste cloitré ici jusqu'au jour de ton départ ». Dondou Gorba Dikko, le guerrier qui ne connaissait pas la peur, resta insensible aux recommandations de la vieille femme. Il prit son sabre et sa gibecière, puis s'engouffra dans la cité. Il se retrouva, sans l'avoir voulu expressément, dans la cour du roi. Les premières personnes qu'il rencontra lui signifièrent qu'il s'était trompé de cour. Ils lui firent comprendre que ceux de son âge étaient de l'autre côté, c'est-à-dire dans la cour voisine, celle du prince.

La cour du prince était réputée être un lieu particulièrement anticonformiste où régnait la démesure et l'outrance. Pour les fidèles courtisans qui y allaient chaque jour et y restaient du matin aux aurores, la sagesse et la retenue appartenaient à un autre monde. Lorsqu'il pénétra dans la cour du prince, il fut surpris de trouver quatre griots en train de jouer au prince l'air de son Moolo à lui, Dondou Gorba Dikko

Dondou Djika Djibrila !
Ton père a rêvé que tu feras face au malheur,
Ta mère a rêvé que tu feras face au malheur,
Ton cheval a rêvé que tu feras face au malheur.

Ce Moolo était conçu et spécifiquement dédié à lui Gorba Dikko. C'était son hymne à lui, qu'il aimait jouer lui-même lorsqu'il il n'était pas accompagné de son griot. Voilà qu'un autre que lui, se faisait jouer cet air qui lui appartenait, et à lui exclusivement. La scène qui se déroulait devant lui, était pour Gorba Dikko une insupportable parodie. Il avança vers l'assistance et salua longuement selon les usages. On lui indiqua par la suite une natte avec un oreiller en cuir sur lequel il s'accouda. Les griots, eux, imperturbables, continuèrent à jouer formidablement le Moolo de Gorba Dikko. Mais comme il fallait s'y attendre, sous les effets galvanisants du Moolo, et profondément gagné par le sentiment de vivre un grand outrage, Dondou Gorba Dikko se redressa soudain. Tous les poils du corps dressés, mus par une poussée d'adrénaline, le héros s'adressa avec insistance à la foule : « A qui donc dans cette cour est destiné cet air que jouent les griots ? » Stupéfaits par l'incongruité de cette question, quelques courtisans répondirent en chœur : « Hey, étranger, épargne-nous ta stupidité. As-tu vraiment besoin de demander à qui est destiné ce Moolo ici ? »

Gorba Dikko s'accouda de nouveau. Les griots continuaient de plus belle à jouer le Moolo de Dondou Gorba Dikko qui se redressa à nouveau et réitéra sa question. Les gens, excédés par son insolence, lui firent comprendre que sa bêtise pourrait lui coûter cher car chez eux, il y a des oiseaux qui ne se nourrissent que de la chair de gens comme lui et qu'il pourrait constituer leur repas du déjeuner. Le guerrier se calma et repris sa position initiale, accoudé sur la natte. La troisième fois, la tension de Gorba Dikko était à bloc. Certains poils de son corps avaient réussi à traverser son boubou. Fou de rage il se redressa et demanda encore : « Par tous les dieux ! Pour qui est joué ce Moolo, dites-vous ? » Alors, l'épouse du prince lui répondit : « Hey étranger, tu poses trop de questions. Initialement, cet air de Moolo appartient à un guerrier qui se nomme Dondou Gorba Dikko, Dondou Djika Djibrila. Mais dans cette maison, ce Moolo nous appartient, mon mari et moi. On nous le joue tous les jours sans interruption. » - « Ainsi la renommée de ce Gorba Dikko est parvenue jusqu'à vous aussi ? », renchérit le héros. « Oui, bien sûr, lui répondit la jeune femme, la réputation de Dondou Gorba Dikko n'a pas de frontières. Nous avons appris que c'est un guerrier redoutable, qu'il est dur au combat, mais le jour où Dieu le conduira dans cette cité, il l'apprendra à ses dépens ».

Finalement convaincu que l'étranger ne posait ses questions que par ignorance, l'assistance finit par surmonter son agacement. Gorba Dikko détendit l'atmosphère en expliquant qu'il venait d'arriver dans cette grande cité et qu'il était hébergé chez une vieille femme dont la maison est située à l'entrée du village. Il distribua quelques noix de cola et l'incident fut clos.

Le lendemain, Gorba Dikko revint à la cour du prince. C'était vendredi, le jour du bain du cheval princier. Un cheval qu'il avait acquis contre vingt têtes de bovins alors que le poulain n'avait que quatre mois. On ne faisait sortir le cheval que tous les vendredis pour sa toilette et dès qu'ils perçoivent l'odeur forte des parfums utilisés pour la circonstance, les habitants de la cité avaient coutume de dire : « Aujourd'hui, c'est le jour du cheval». Les senteurs étaient tellement fortes qu'elles indisposaient les habitants à quelque endroit de la cité qu'ils se trouvaient. Après son bain, le cheval du prince profitait d'un repas royal composé d'un mélange subtil de lait, de miel et de céréales. Lorsqu'il était repu, à la cour du prince, on avait l'habitude de désigner quelques courtisans pour finir les restes du repas du cheval. On désignait généralement ceux qui étaient considérés comme ayant « la parole amère », c'est-à-dire les courtisans qui ne savaient pas parler. « Sortez, votre déjeuner est sous l'arbre ! » leur lança-t-on, une fois que le cheval avait fini de boire. A l'annonce, et au plus grand plaisir du prince, tous se bousculaient au seuil de la porte pour aller boire les restes du déjeuner du cheval. Mais quelqu'un constata que l'étranger aux questions stupides n'avait pas bougé, lui.

Alors, le prince regarda dans la direction de Gorba Dikko et lui dit : « Sors toi aussi pour boire le résidu ! » Gorba Dikko regarda le prince dans les yeux en signe de défiance et répliqua calmement : « Je suis venu à cheval dans cette cité, je ne peux donc pas partager le repas d'un cheval ! » Aussitôt, le prince lui cracha dessus : « Sale chien ! » je t'ordonne de sortir pour boire le résidu ». Gorba Dikko se racla la gorge, emplit sa bouche de salive et la cracha énergiquement sur le visage du prince et lui dit : « Si je suis un chien, toi, tu es moins qu'un chien.» Le prince qui n'en croyait pas à ses oreilles, se dressa de toute sa taille et se rua sur Gorba Dikko qui le saisit par l'entre-jambes, le souleva et le terrassa. Puis, Gorba Dikko posa son pied sur le cou du prince devant sa jeune femme paniquée qui tremblait de tout son corps. Jamais personne n'avait imaginé que pareille scène fût possible ! La panique était générale, la cohue indescriptible. Tout le monde se demandait quel type de démence pouvait conduire un homme à poser un acte pareil : humilier le prince, le fils du roi, dans sa propre cour et devant sa femme. L'étranger n'est pas bête, en réalité il est fou !

Gorba Dikko ordonna le silence à tous et menaça d'écourter la vie de quiconque oserait désobéir. Mais un homme avait pu s'extraire de la cour du prince sans attirer l'attention et alla porter la nouvelle au roi : « Un étranger fou est entré dans la cour du prince. Sa stupidité est sans commune mesure sur cette terre». - « Qu'a-t-il fait ? », demandèrent les notables. L'homme subitement conscient que son témoignage pourrait lui attirer des ennuis répondit qu'il s'était passé quelque chose mais que n'étant pas témoin direct, il ne pouvait en dire davantage. De l'autre côté de la cour du roi, Gorba Dikko de son côté, intensifia la terreur. S'adressant à la femme du prince, il dit : « Arrête de trembler, la vie de ton époux ne sera épargnée qu'à une seule condition : que tu déclares le renier à jamais. Dis-le sans hésitation, sans quoi je le décapiterai». La femme le répéta sans hésitation, à haute et intelligible voix devant l'assistance interloquée. Gorba Dikko se retourna vers le prince et lui dit : « Cesse de gigoter, tu ne seras libéré que lorsque tu renieras la femme à jamais, sans quoi je te trancherai la tête. Le prince répéta la phrase sans attendre. Gorba Dikko les libéra par la suite. Il revint s'asseoir et s'adressa aux joueurs de Moolo : « Je connais parfaitement cet air de Moolo, je vous demande de le jouer et quiconque fausse une seule note, je le tue ».

LA DEFAITE DU ROI SANGUINAIRE

Dépité par les événements qui lui furent rapportés plus ou moins fidèlement, le roi se déplaça lui-même sur les lieux où il trouva une situation déconcertante. Tous les jeunes courtisans, habituellement arrogants se tenaient tous là. Personne n'osait ouvrir la bouche. Il y régnait un silence absolu que personne n'osait interrompre. Le roi s'annonça en saluant, et Gorba Dikko répondit poliment à ses salutations. Le roi reprit la parole et lui dit : « Mon enfant, quel est le châtiment de celui qui provoque un roi dans sa cité ? » Dondou Gorba Dikko répondit au roi : « Mon père, un étranger qui mécontente son hôte doit quitter sa maison et aller ailleurs ; quiconque mécontente un chef de village doit quitter son village ; quiconque mécontente un roi doit quitter son royaume. Mais moi, je ne partirai nulle part. Vous le savez, je le sais, je suis capable de détruire votre cité. Je le ferai si vous m'y obligez. Je suis venu ici aux aurores, je ne quitterai qu'au coucher du soleil ». Pour les gardes du corps du roi, redoutable et sanguinaire, les propos de Gorba Dikko n'étaient rien de moins qu'une déclaration de guerre. Ils se mirent alors en ordre de bataille mais incapables d'arracher la moindre faiblesse au héros qui les défit très facilement.

Désormais, ayant annihilé toute velléité de résistance, Gorba Dikko sema la terreur dans la cour du prince et celle du roi toute la journée jusqu'au crépuscule. Il remit son sabre dans le fourreau et rentra chez son hôtesse, la vieille femme. Pendant son absence, la vieille femme avait été très inquiète. Elle n'avait cessé de guetter son retour dans toutes les directions. Elle se livrait à un va-et-vient incessant lorsqu'apparut enfin Gorba Dikko. N'étant pas au courant de ce qui était arrivé au roi, au prince et leurs cours, la vieille femme réitéra ses conseils à son hôte : « Je t'ai dit de faire attention mon enfant, je t'ai prévenu que notre cité est dangereuse, surtout pour les étrangers. Demain n'y retourne pas, tu mettras ta vie en danger ». Dondou Gorba Dikko lui répondit avec une ironie que la vieille dame ne pouvait percevoir : « Oui, je me suis rendu compte que votre cité est dangereuse ».

Après le dîner, Gorba Dikko s'assoupit rapidement et dormit toute la nuit. Pendant son sommeil, quatre mille cavaliers pillards envahirent la cité et s'emparèrent de tous les bœufs. Le lendemain, une contre-attaque s'organisa. Tous les bras valides capables de se battre, mus par le désir de prouver leur bravoure, prirent les armes et se lancèrent à la poursuite des assaillants. Mais les pillards étaient de redoutables guerriers, très habiles dans l'art de la guerre et impitoyables. Le roi et sa résistance furent vite déchus et pourchassés. Ils battirent donc en retraite.

La vieille femme ne connaissant pas le nom de Gorba Dikko se mit à le réveiller en le tapotant : « Étranger ! Étranger ! » Mais Gorba Dikko ne réagit point, plongé dans un sommeil très profond au point où la vieille femme crut qu'il était mort. Les cris de la vieille femme finirent par réveiller Dondou Gorba Dikko. Il s'étira puis salua la vieille qui lui annonça gravement : « Notre cité est vidée de ses troupeaux de bétail ? Il n'y a même pas une goutte de lait frais pour le petit déjeuner ». - : « Les lions ? » demanda Dondou Gorba Dikko à la vieille femme. La vieille lui répondit qu'il s'agissait en fait d'assaillants venus d'ailleurs qui avaient tout emporté. Gorba Dikko sella son cheval, le cabra puis le ramena au sol. Le cheval trembla de toutes ses forces, car il comprit que l'heure était bien grave. Gorba Dikko le tapota pour le calmer. Il prit son bouclier et se dirigea vers la sortie de la cité. Quelques instants après, hors de la ville, il rencontra le roi et sa suite qui se félicitaient bruyamment d'avoir échappé aux griffes de ces redoutables pillards. Dondou Gorba Dikko demanda au roi : « Mon père, avez-vous rattrapé les assaillants ? » - « Nous les avons rattrapés, mais ils sont terribles, nous sommes incapables de les affronter ; ils sont invincibles » lui répondit le roi.

Gorba Dikko n'était pas d'accord, il dit au roi sa résolution à affronter les pillards. Il lui demanda juste de lui adjoindre trois de ses hommes comme compagnons pour inhumer sa dépouille s'il devait mourir. Il demanda un marabout, un forgeron et un tisserand. Le roi désigna les trois hommes parmi ses sujets, mais aucun n'accepta d'accompagner Gorba Dikko qui voulait avoir des témoins qui rapporteront fidèlement ses exploits. Il savait que les hommes qu'il avait demandés appartiennent à des professions qui permettaient de rencontrer énormément de personnes. Il pensait également savoir qu'un marabout est indiscret, il raconte vite à son entourage ce qu'il a vu. Gorba Dikko savait également que nombre de personnes ne fréquentaient la forge que pour palabrer, or le forgeron lui aussi est indiscret, il raconte ce qu'il a vu. Enfin, Gorba Dikko savait que nombre d'autres personnes ne fréquentaient que les tisserands, or, le tisserand est indiscret, il raconte à son entourage ce qu'il a vécu.

Gorba Dikko se lança seul à la poursuite des assaillants. Il parvint à les rattraper au bord d'une grande mare où ils campaient après avoir égorgé un bœuf pour leur dîner. La nuit était déjà profonde lorsque le héros atteignit le campement des pillards. Mais il les contourna pour aller s'installer un peu plus loin pour la nuit. Gorba Dikko ne les attaqua pas la nuit. Il ne voulait pas que sa victoire soit ternie par toute idée d'attaque surprise. Il ne voulait pas les prendre en traître. Très tôt le matin, il se réveilla, en l'absence de son fidèle griot, il prit son *Kountidji* et se mit à jouer tout en faisant ses propres louanges, en flattant ses propres prouesses. Brusquement, un pillard se réveilla et ameuta tous ses compagnons : « Réveillez vous mes frères ! Reconnaissez-vous ce Moolo que l'on entend ? Tous répondirent qu'ils ne reconnaissaient pas le *Moolo*. Le pillard leur dit : « Eh bien, il s'agit de l'air musical de Dondou Gorba Dikko. Je jure sur tous les dieux qu'il ne me trouvera pas ici. Lorsque la musique aura cessé, il donnera l'assaut. Il marchera sur nous. Je l'ai croisé au moins quatre fois dans des combats où seuls ont survécu, ceux qui avaient la bénédiction de Dieu ». Il sella son cheval et s'en alla au galop. Tous ceux qui s'estimaient moins valeureux que lui, décidèrent de lui emboîter le pas. Ils suivirent leur compagnon, au galop. Les autres pillards, certains, par méconnaissance de la renommée de Gorba Dikko, d'autres par excès de témérité ou par la croyance excessive au pouvoir de leurs amulettes, se tinrent prêts pour attendre Gorba Dikko.

Après avoir fini de jouer, Gorba Dikko rangea son *Kountidji*, prit son cheval au galop et s'enfonça droit sur les assaillants demeurés au bord de la mare. Arrivé à leur hauteur, il leur lança : « Etes-vous prêts ? Sinon je vous donne un temps supplémentaire pour vous préparer ». Le *Wonkoye*[29] lui répliqua : « Es-tu fou ? Comment oses-tu demander à des guerriers sur le terrain s'ils sont prêts ? » Le *Wonkoye* n'eut que le temps de répéter « Es-tu fou ? » Une dernière fois, lorsque Gorba Dikko lui trancha la tête. Puis, chargeant l'ennemi, il abattit cent hommes à l'Ouest, cent hommes à l'Est, cent hommes au Nord et cent hommes au Sud. Puis, il cabra son cheval au milieu de l'ennemi. Les uns et les autres se mirent alors à s'entretuer, chacun croyant avoir Dondou Gorba Dikko en face de lui. Un peu plus tard, il ne restait plus un seul survivant. Sur les lieux, il n'y avait plus que les bovins enlevés et les chevaux des pillards que Gorba Dikko rassembla et conduisit jusqu'aux portes de la cité où il les abandonna. Il s'en alla voir le roi et lui demanda d'envoyer des gens pour identifier les bêtes que les pillards avaient abandonnées là où ils avaient passé la nuit. Il ne voulut pas signifier expressément qu'il avait vaincu les pillards et qu'il ramenait les bêtes qu'ils avaient dérobées. Le roi chargea deux personnes crédibles de cette mission. Ils ne trouvèrent que des bœufs et des chevaux tout autour de la cité. Ils comprirent que le guerrier au grand destin avait bien rattrapé les assaillants et les avait vaincus. Tous les bœufs, à l'exception de celui qui avait été égorgé au bord de la mare furent rendus à leurs propriétaires. Quant à Gorba Dikko, on lui laissa en butin les chevaux des assaillants et le roi le remercia au nom de sa cité en ces termes : « Merci mon fils, tu nous as sauvé, ta mission est accomplie ».

GORBA DIKKO RAVIT LA FEMME DU PRINCE

Mais Gorba Dikko répliqua : « Mon père, ma mission n'a même pas commencé puisque je ne vous ai pas encore dit l'objet de ma visite ici. Plaise à Dieu, demain à pareil moment vous saurez pourquoi je suis ici ». Gorba Dikko distribua tout son

[29] Le Chef de guerre ou chef de l'armée.

butin de guerre entre son hôtesse et les griots. Le lendemain matin, il sella son cheval puis se présenta au galop chez le roi. Là, il cracha au sol et ordonna aux courtisans de lui placer l'épouse du prince derrière lui sur la croupe du cheval, avant que son crachat ne séchât, sinon toute la cité verrait vraiment de quoi il était capable. Le roi ne se fit pas prier, il ordonna qu'on plaçât sa bru sur le cheval pour que ce maudit fils de Satan lui laisse sa cité en paix ! Le roi appela par la suite son fils et lui dit : « Ne t'inquiète pas, tu sais après le départ de ce Satan, toute femme, mariée ou non, qui te convient sera la tienne, sans aucune cérémonie rituelle. Le royaume m'appartient, et tu es mon fils ». C'est ainsi que Gorba Dikko s'en alla avec l'épouse du fils du roi sanguinaire. Après son départ, le roi tenta encore de rassurer le prince : « Tu sais, si nous ne la lui donnons pas de bon gré, il nous l'arrachera de force et détruira notre royaume. Or, perdre un royaume à cause d'une femme est inconcevable ».

Une fois à la périphérie de la cité, Gorba Dikko fit descendre la femme du cheval puis cria trois fois, hurla trois fois et siffla trois fois et dit : « Hey ! Que les braves hommes sellent leurs chevaux avant de se lancer à ma poursuite. Je suis sorti de la cité au galop pour éviter le massacre au milieu des femmes et des enfants. A partir d'aujourd'hui, que le prince sache que cette femme ne vivra plus sous son toit. Elle appartiendra au contraire à celui qui parviendra à me tuer ». Ayant compris jusqu'où pouvait aller Gorba Dikko pour garder cette femme, le roi envoya un émissaire au domicile du chef des griots pour faire dire à la population, à travers la voix de quatre jeunes crieurs publics, que personne ne sorte de chez lui jusqu'au départ de ce maudit homme ! Les jeunes griots répandirent ainsi la nouvelle : « Que personne ne sorte de chez lui pour quelque besoin que ce soit. Si vous avez envie de vous soulager, que votre femme vous apporte un pot ; personne ne vous reprochera un tel acte ».

Dondou Gorba Dikko passa toute la matinée aux portes de la cité attendant une éventuelle contre-offensive des habitants, mais personne n'avait osé s'aventurer dehors, conformément aux instructions du roi. Il ne fallait surtout pas donner à Gorba Dikko un prétexte pour anéantir la cité, tout le monde l'a compris. Il reprit alors la femme sur son cheval et s'en alla. A peine avait-il parcouru une dizaine de kilomètres qu'il rencontra deux cents cavaliers qui étaient autant de braves et valeureux guerriers. Ils avaient appris que Gorba Dikko avait ravi la femme du prince du royaume le plus craint de la contrée. Leur intention était de le défier et de lui ravir la femme à leur tour et se faire une renommée. Devant la détermination des jeunes guerriers, Dondou Gorba Dikko s'adressa à sa nouvelle compagne : « Tu as de la chance car aucune femme n'a assisté dans la brousse au spectacle d'hommes s'entretuant avec leurs épées. Tu seras la première femme à vivre ce spectacle. Cependant, je voudrais que tu m'accordes une faveur : mets-toi au pied de cet arbre et, souris-moi ensuite à chaque fois que nos regards se croisent. C'est tout ce que je te demande en guise de soutien ».

La femme s'exécuta. Gorba Dikko chargea alors les deux cents cavaliers. Quand il arrivait au niveau d'un adversaire, il le saisissait par l'aisselle, le faisait descendre de cheval, le conduisait devant la femme et demandait à celle-ci : « Vois-tu cet homme ? », - « Je le vois », répondait la femme. Puis Gorba Dikko lui tranchait la tête d'un coup d'épée. Mais rien ne pouvait dissuader ses adversaires à qui le sens de l'honneur dictait de préférer la mort à la fuite devant Gorba Dikko qu'ils savaient pourtant invincible. Il réussit ainsi à les exterminer tous au même endroit qui, du coup, se transforma en une petite mare de sang qui coulait jusque sous les pieds de la femme.

Après le départ de Gorba Dikko, les habitants de la cité du roi sanguinaire commencèrent à sortir de leurs maisons et à se congratuler. Ils se félicitaient du retour au calme. Pendant ce temps, Gorba Dikko se dirigeait vers la cité avec les cent quatre-vingt dix-neuf chevaux arrachés à l'ennemi. Il n'avait gardé qu'un seul cheval. Brusquement, les habitants virent un nuage de poussière s'élever et aperçurent ensuite des chevaux rentrer dans leur cité. Ils s'exclamèrent : « Que Dieu nous protège ! Nous nous en doutions, nous savons qu'il n'a pas révélé les vrais motifs de sa venue dans notre cité ». Tous crurent que Gorba Dikko était revenu imposer d'autres souffrances et humiliations. Mais en réalité, il revenait distribuer son tout dernier butin de guerre. Ainsi, il remit les cent chevaux aux griots qui avaient joué son Moolo lors de l'affrontement avec le prince ; les quatre-vingt dix-neuf autres chevaux sont remis à la femme qui a tressé les cheveux de sa nouvelle femme.

Par la suite, il rejoignit l'ex femme du prince qui se tenait sur l'unique cheval qu'il a gardé du butin. Ensemble, chacun sur son cheval, ils arrivèrent à la cité de Dondou Gorba Dikko. Mais, il ne se rendit pas directement à son domicile, il préféra se diriger directement au domicile de l'homme qui lui avait lancé le défi. Il s'adressa à lui en ces termes : « Voici la femme dont tu as parlée, l'épouse du prince du royaume le plus redouté, le royaume du roi sanguinaire. Je n'ai éprouvé aucun sentiment d'inquiétude dans ton épreuve, à plus forte raison de peur ». L'homme ôta brutalement son chéchia qu'il frappa au sol et se prosterna devant Gorba Dikko à qui il dit : « Epargne ma vie pour l'amour de Dieu et de son Prophète, et par respect pour tes parents. Dieu est témoin, tu es plus brave que moi ; les hommes savent aussi que tu es plus brave que moi. J'ai simplement voulu t'humilier, mais je n'ai réussi qu'à te mettre davantage en valeur». Dondou Gorba Dikko le regarda avec mépris et lui dit : « Pauvre con ! Sache que c'est Dieu seul qui donne la vie et qui peut décider de l'ôter. Moi, Gorba Dikko, je sais, ceux qui savent lire le destin le savent, je ne mourrai pas au cours d'une guerre, mais seulement quand Dieu le décidera ».

LA DEFIANCE DU MALHEUR

Quarante ans encore après ces événements, Gorba Dikko passait toujours son temps à faire la guerre et à accumuler des richesses. Un jeudi, pendant qu'il palabrait avec ses compagnons, il se mit soudain à verser des larmes. Ses compagnons lui demandèrent ce qui pouvait amener un homme dur comme lui à pleurer, jusqu'à faire pleurer les autres. Il répondit qu'il allait mourir très bientôt, un vendredi, et que c'est le fait de savoir qu'après sa mort des ennemis lui survivraient, qui lui brisait le cœur. Le lendemain, c'était un vendredi. Gorba Dikko prit son cheval, mais il n'emporta avec lui ni sabre, ni flèche, ni lance, ni la moindre aiguille. Il ne prit aucune arme. Il se disait en avoir assez de cette vie qui lui paraissait fade. Il errait sans but et soudain, tomba sur des guerriers qui l'aperçurent et le reconnurent. Ayant su qu'il était désarmé, les guerriers commencèrent à lui lancer des projectiles. Ensuite, ils s'approchèrent de lui et commencèrent à lui asséner des coups de sabres qui n'eurent aucun effet sur lui. Devant l'insuccès de leur tentative, Gorba Dikko leur dit : « Hey, autant chercher un autre moyen pour m'éliminer, si les sabres, les lances, les flèches et les bâtons pouvaient mettre fin à ma vie, je ne serais pas ici aujourd'hui ». Les guerriers répliquèrent : « Cesse de geindre ». C'était le mot qu'il ne fallait pas prononcer. Il se saisit du harnais de son cheval qui lui servait de fouet lorsqu'il n'avait aucune arme à portée de main. C'était avec ce harnais tressé par des palefreniers très expérimentés et muni d'un bout métallique qu'il allait se servir pour déchiqueter ses malheureux adversaires du jour. A l'aide du harnais, il arriva à bout des deux cents cavaliers. Il les extermina jusqu'au dernier et ramena leurs chevaux qu'il distribua aux démunis et au déshérités de sa cité.

Le vendredi suivant, il emprunta le même chemin, décidé à mettre fin à sa vie. Il prit son turban, long de quarante coudées. Il rencontra deux cavaliers à qui il demanda de tirer, chacun de son côté, après avoir enroulé le turban autour de son cou. Les deux cavaliers s'exécutèrent, ils lancèrent leurs chevaux au galop et étranglèrent Gorba Dikko. Brusquement, le cavalier du côté droit dont le cheval était en avance sur l'autre tira avec force le turban, puis regarda dans la direction de Gorba Dikko. Il se rendit compte que quelque chose venait de se passer. Pris de panique, ils lâchèrent le turban et allèrent raconter dans leur village ce qui venait de se passer. Les habitants du village, paniqués de devoir rendre les comptes à Gorba Dikko du fait de l'inconscience de deux des leurs, s'exclamèrent : « Quelle malédiction ! Notre cité sera certainement détruite ». La nouvelle sema un vent de panique sur toute la cité qui migra vers le village voisin. On désigna alors le plus courageux des hommes pour aller vérifier les faits. L'émissaire s'arrêta très loin de l'endroit et retourna jurer par Dieu qu'il a trouvé Gorba Dikko en train de seller son cheval, et qu'il ne tardera pas à venir ; ce village migra à son tour. Un autre village des environs envoya un autre homme, le plus courageux de tous, pour vérifier les faits. Ce dernier aussi s'arrêta à mi-chemin et revint jurer par Dieu qu'il l'a trouvé en train de mettre le pied à l'étrier, mais qu'il n'était pas complètement monté sur le cheval. Les habitants de ce village migrèrent aussi par crainte d'éventuelles représailles de Gorba Dikko. Sept villages au total migrèrent à cause de possibles représailles de Gorba Dikko qui n'était plus qu'un cadavre.

Dondou Djika Djibrila !
Ton père a rêvé que tu feras face au malheur,
Ta mère a rêvé que tu feras face au malheur,
Ton cheval a rêvé que tu feras face au mal.

C'est dans le huitième village que vivait une cousine de Gorba Dikko. C'est elle finalement qui se déplaça pour aller sur les lieux. Arrivée sur place, elle cria à l'endroit de Gorba Dikko : « Tu penses que c'est un acte méritoire que de terroriser tout le monde ainsi ? À cause de toi, tous les villages sont en train de se déplacer perpétuellement ». Mais constatant que Gorba Dikko ne réagissait pas, elle avança et le toucha. Il tomba de son cheval. Il était raide mort depuis déjà bien longtemps. Sa cousine cria, elle hurla de toutes ses forces. Des hommes arrivés sur les lieux se mirent à la calmer, mais en vain, elle était inconsolable.

Voilà l'histoire de Dondou Gorba Dikko et voilà comment disparut le guerrier qui a défié la mort.

Récit 2 : DJALA HAMMA BODEDJO, DJALA PATÉ

LE GUERRIER METIS GENEREUX

Djala Hamma Bodedjo, Djala Paté,
Poulo Ségou Bambara Kounari
Mo wala waddata.

Djala Hamma Bodedjo, Djala Paté, le guerrier métis. Les hommes naissent égaux mais ne sont pas tous bénis de Dieu. Son père est un Peul et sa mère une Bambara. Lorsqu'il allait à Ségou chez les Bambaras, il leur parlait la langue peule et à Kounari chez les Peuls, il parlait la langue bambara. A chaque fois, pour communiquer avec Djala Hamma Bodedjo il fallait satisfaire son caprice qui obligeait à recourir aux services d'un interprète. Tous les grands guerriers de l'Afrique des ancêtres étaient braves et forts, mais chacun avait un attribut spécifique, un signe ou une vertu distinctifs. Djala Hamma Bodedjo, lui, se distinguait par l'extrême générosité qui faisait le bonheur des griots. Il passait son temps à donner toutes sortes de cadeaux à tel point qu'il n'existait plus rien sur terre qu'il n'eût offert à un griot : êtres, animaux, argent, bijoux,... . Il avait absolument tout donné qui puisse faire plaisir aux bardes et aux griots qui allaient et venaient dans la cité du guerrier comme s'il s'agissait d'une ruée vers l'or. La renommée de donateur généreux associée à Djala Hamma Bodedjo, avait largement dépassé les frontières de sa cité et même celles de sa région.

Un jour, deux griots et leur petit apprenti résidant dans une contrée très éloignée, décidèrent d'éprouver la réputation de l'histoire de cet homme qu'on disait prompt à tout donner sans compter. Malgré la distance correspondant à quinze jours quinze jours de cheval, les deux griots étaient résolus à tenter cette aventure. Il leur fallait se rendre chez Djala Hamma Bodedjo. Ils voyagèrent de jour comme de nuit et après deux semaines de voyage, ils arrivèrent enfin chez le guerrier. Ils s'arrêtèrent à la porte et comme le voulait la coutume, les deux griots se mirent à chanter les louanges de Djala Hamma Bodedjo.

Djala Hamma Bodedjo, Djala Paté,
Poulo Ségou Bambara Kounari
Mo wala waddata.

Ils le louèrent et le flattèrent jusqu'à la quasi extinction de leur voix. Ayant supposé qu'ils s'étaient suffisamment annoncés, les griots firent « Salam »[30]. Djala

[30] Salutation selon la tradition islamique qui signifie « Paix sur vous »

Hamma Bodedjo, Djala Paté était avec sa première épouse, mais il ne répondit pas à leur *salam.* Il se contenta de demander à sa femme : « Depuis que nous sommes ensemble, peux-tu me dire ce que je n'ai jamais offert à un griot ? Dis-le-moi pour que je l'offre à ces deux griots qui font *salam* à notre porte ». La femme lui répondit qu'elle ne voyait vraiment rien qu'il n'avait déjà offert à un griot, qu'elle ne savait pas non plus quelque chose qui pouvait être si précieux qu'il ne pût l'offrir. Une idée germa alors dans la tête de Djala Hamma Bodedjo. Il demanda à sa femme d'aller vers les étrangers, de les accueillir et de leur expliquer qu'ils n'étaient pas chanceux car ils arrivèrent trois jours après le départ du chef de famille. La femme accueillit les deux griots et se conforma aux instructions du mari. « Vous allez vous reposer. Il n'est pas là votre hôte mais je vous accueille selon mes moyens ». Déçus d'avoir fait ce périple en vain, les griots, silencieux, la mort dans l'âme, s'installèrent dans la partie de la concession habituellement réservée aux hôtes. On s'occupa bien d'eux. Des agneaux et des poulets leur furent régulièrement servis afin de leur offrir un séjour digne d'hôtes de, mais rien n'y fit, rien ne semblait pouvoir compenser la déception liée à l'absence du guerrier généreux. Trois jours durant, les griots séjournèrent dans la maison pensant désespérément que leur hôte allait revenir entre temps, mais en vain. Au crépuscule du troisième jour, ils décidèrent de repartir et allèrent trouver la femme de Djala Hamma Bodedjo : « Nous n'avons pas de chance. Nous avons fait quinze jours à cheval pour venir trouver ton mari, mais Dieu ne l'a pas voulu. Ce serait donc pour une autre fois.»

LE STRATAGEME DU HEROS

Si Djala Hamma Bodedjo avait choisi de simuler son absence, c'est qu'il avait des intentions qu'il s'était bien gardé de partager avec quiconque jusque-là. Même sa femme s'était acquittée des directives que le mari lui donnait sans chercher à savoir quelles étaient ses réelles intentions. Cependant, la veille du départ des griots, Djala Hamma Bodedjo troqua ses habits contre des guenilles et se fit enduire de graisse et de cendres. Il avait l'air répugnant et donnait l'impression d'un esclave qui n'avait pas pris de bain durant plusieurs semaines. En fait, le stratagème mis en place par le guerrier était de se faire passer pour un esclave que sa femme offrirait aux griots. Elle interpella donc les deux griots : « Une femme n'a rien, mais je vous offre cet esclave de case. C'est le meilleur esclave de mon mari. A son retour, il vous rejoindra certainement pour le récupérer et vous offrir quelque chose en compensation. Il n'acceptera jamais de devoir se séparer de cet esclave. Ne le brimez donc pas, sous aucun prétexte ». Les griots remercièrent la maîtresse de la maison : « Même si ton mari avait été là, il n'aurait pas fait plus ». Puis ils s'en allèrent.

Les deux griots étaient sur leurs chevaux et le petit apprenti marchait aux côtés de Djala Hamma Bodedjo sous l'apparence d'un esclave. Plus il restait à son contact, plus le petit apprenti griot était intrigué par certains détails du physique de l'homme, incompatibles avec celui d'un esclave. Pendant toute la journée de voyage, le petit griot s'était tu. Il ne voulait surtout pas contrarier ses maîtres. Mais à la tombée de la nuit, il n'en pouvait plus et décida d'alerter ses patrons : « Je vous demande pardon, mais les longs orteils et les très jolis doigts de cet homme ne peuvent être ceux d'un esclave ! » Les griots surpris et irrités par les propos de leur jeune apprenti s'exclamèrent en se demandant si l'enfant n'était pas fou. Djala Hamma Bodedjo Poulo Ségou Bambara Kounari pouvait-il se donner à eux faute de quoi offrir ? Non décidément, il n'est pas seulement fou, il est également stupide, notre apprenti ! conclurent-ils. Sans se laisser distraire, les deux bardes continuèrent leur voyage et au crépuscule de la seconde journée du voyage, le jeune griot était désormais plus qu'intrigué, il était angoissé. Plus il regardait le visage de l'homme, plus il était convaincu que l'esclave n'en était pas un. Malgré les foudres des maîtres qu'il allait probablement s'attirer, il décida d'alerter une fois encore les deux griots : « Les sourcils de cet homme ne sont pas ceux d'un esclave. Soyons prudents, peut-être que c'est notre hôte qui s'est déguisé en esclave ! ». Là, c'était un peu trop pour les deux maîtres-griots. Ils descendirent de cheval et bastonnèrent le petit pour l'empêcher de dire des absurdités.

Ils continuèrent leur voyage. Dans chaque village qu'ils traversaient, on leur offrait un gîte et à manger, mais Djala Hamma Bodedjo refusait de manger. Depuis plusieurs jours qu'ils étaient partis, il ne buvait que de l'eau. Le cinquième jour du voyage, ils pénétrèrent dans une immense forêt au milieu de laquelle, ils découvrirent un marigot. Ils décidèrent donc de s'arrêter et d'abreuver les chevaux. Ils s'installèrent sous un grand gao[31] et demandèrent à l'apprenti de retirer le harnachement des chevaux et les conduire au bord du marigot. A peine l'enfant avait-il tourné le dos qu'ils aperçurent un long manteau de poussière qui s'élevait vers le ciel. Quelques instants après, un vacarme assourdissant envahit les environs. C'était un groupe de guerriers qui revenaient d'une razzia en exprimant bruyamment sa joie d'avoir amassé une énorme quantité de butin composée de chevaux, de bœufs, de petits ruminants et d'autres valeurs. Mais en apercevant sous l'arbre les griots, leur enfant et Djala Hamma Bodedjo, les guerriers, toujours plus avides malgré tout ce qu'ils avaient déjà amassé, jubilaient à l'idée de dépouiller et capturer quatre personnes supplémentaires. « Décidément, cette sortie s'avère vraiment providentielle » se dirent-ils.

[31] Grand arbre des savanes africaines.

Ayant deviné les intentions belliqueuses des guerriers, les griots se mirent à trembler de peur. Ce qu'espérait Djala Hamma Bodedjo en montant son stratagème, était en train de se réaliser. Le guerrier généreux savait la probabilité de buter sur une troupe d'aventuriers, les dépouiller de leur butin de guerre et l'offrir aux griots en compensation de sa propre personne. Il se leva, saisit la lance d'un des griots, la secoua et la rendit à son propriétaire. Il la trouvait très légère. Il prit la lance du deuxième griot, la trouva légère aussi, mais meilleure que la première. Il s'arc-bouta, décocha la lance et transperça le premier cavalier arrivé à son niveau. La lance traversa la tempe du malheureux d'un tympan à l'autre. Le malheureux s'affaissa. Djala Hamma Bodedjo se saisit du sabre de sa première victime, chevaucha son cheval et se rua sur ses camarades qu'il anéantit jusqu'au dernier. Pourtant les adversaires de Djala Hamma Bodedjo n'étaient pas des guerriers néophytes. C'étaient des baroudeurs rompus aux métiers des armes et qui avaient déjà défait plus d'un chef de guerre renommé. Partout des cadavres décapités ou démembrés témoignèrent de la violence des combats. Les chevaux affolés hennissaient de toutes parts et tout le périmètre, de tous les côtés du marigot, fourmillait d'animaux que tentaient de regrouper les griots persuadés qu'ils auraient eux aussi, leur part du butin. Ils réalisèrent également que le petit apprenti griot avait en fait raison quand il avait attiré leur attention sur l'identité véritable de l'homme qui était avec eux et qui se faisait passer pour un esclave. Les combats étaient maintenant terminés et les griots rebroussèrent chemin, non sans briser le calme de la brousse par des panégyriques enflammés jusque dans le palais de Djala Hamma Bodedjo, Djala Paté. Le héros les remercia et leur offrit une partie du butin repris au groupe des baroudeurs.

L'INGRATITUDE DES GRIOTS

Souvent la vie présente de grands paradoxes. Celle du guerrier métis généreux confortait bien cette dure réalité. Malgré sa largesse légendaire à l'endroit des griots, notre héros n'avait pas ses propres louanges. Les griots l'avaient toujours loué avec des formules dédiées à d'autres guerriers, mais lui, Djala Hamma Bodedjo, Djala Paté, n'avait pas les siennes. Un jour qu'il s'en aperçut, il décida qu'on ne célébrerait plus sa bravoure avec les louanges d'autrui. Il faudrait bien que les griots lui composent un air et des louanges qui lui soient spécialement dédiés. Il le méritait bien, pensa-t-il, lui qui offrit sa propre personne à des griots. Il décida alors d'envoyer des émissaires aux confins de sa région afin de convoquer tous les griots chez lui. La nouvelle de cette réquisition, comme une traînée de poudre, se répandit dans toute la région et personne ne voudrait se faire raconter un rendez-vous avec le guerrier le plus généreux du monde. Tout griot mis au courant, ne prenait même pas la peine de chercher une monture, certains ne prenaient pas la peine non plus de s'habiller décemment, pressés qu'ils étaient tous d'aller répondre à Djala Hamma Bodedjo dont la sollicitude pour les griots était légendaire.

Finalement, ce furent trois cent onze griots qui répondirent à l'appel de Djala Hamma Bodedjo. Trois jours après, constatant qu'aucun autre griot ne vînt s'ajouter au groupe, le grand guerrier rassembla les artistes : « Etes-vous tous là ? » demanda-t-il ? – « Tous ceux qui ont appris l'invitation sont là » lui répondit-on. « Bien, continua t-il, parmi vous tous, dites-moi à qui je n'ai pas offert un cadeau ou une récompense au moins dix fois. Que celui-ci se lève ». Il reprit la même question à trois reprises, mais ses questions étaient toujours suivies de silence. C'est alors qu'un griot lui fit : « Djala Hamma Bodedjo, si les doigts du lépreux ne peuvent lui permettre de traire la vache, ils sont cependant capables de renverser le pot de lait. Venons-en au but. Dis-nous la raison pour laquelle tu nous as convoqués. » Djala Hamma Bodedjo était ce jour là tout de noir vêtu. Ses yeux étaient aussi rouges que des boules de feu. Assis sur un tapis fait de peau de lion, il aiguisait nonchalamment son sabre sur sa pierre fétiche. Il s'immobilisa et regarda les trois cent onze griots avec les yeux qui déboitaient de leurs orbites : « Je vous ai appelés moi, Djala Hamma Bodedjo, Poulo Ségou Bambara Kounari parce que je suis un roi, je vous ai appelés parce que je suis un chef, je suis bon, je suis généreux. C'est celui qui remplit ces conditions qui a droit à vos louanges, un roi, un guerrier ou un généreux. Je suis tous ces trois réunis, mais vous n'avez jamais pensé composer un air musical à mon intention et des louanges qui me soient propres. Mais c'est fini aujourd'hui. Je vous accorde sept jours pour me dédier un Moolo[32] que l'on n'a jamais joué à quiconque, sinon il n'y aura plus de musique au monde. Vous qui êtes ici, vous ne jouerez plus le moindre air musical pour personne puisque je vous tuerai. »

Secoués de stupeur et de panique, les griots n'avaient plus d'autre idée en tête que celle de sauver leur peau avant le terme fixé. Certains écoutaient les pigeons sauvages chanter et venaient le reproduire, pour d'autres c'est l'oie qui représente le modèle, pour d'autres encore, c'est la pintade sauvage. Mais leurs efforts restaient vains puisqu'aucune des tentatives ne trouvait l'agrément de Djala Hamma Bodedjo. Pendant six jours, les griots se surpassaient mais aucun ne put trouver cet air magique qui contenterait le guerrier survolté par la colère. Il ne restait plus qu'un seul jour avant le délai. Le septième jour, un griot, accompagné de son fils, décida de s'enfuir pour échapper à la mort. Ils marchèrent longtemps et se retrouvèrent au bord d'un fleuve où se tenait un homme assis dans sa pirogue. Le griot l'interpella : « Piroguier, écoute-moi je t'en supplie. Au nom de Dieu qui t'a appris à pagayer, prends nous

[32] Le Moolo est une sorte de luth à trois cordes. Le terme Moolo est également employé pour désigner l'air musical produit par cet instrument et le récit épique qu'il accompagne.

dans ta pirogue pour que je puisse sauver ma vie et celle de mon fils. Djala Hamma Bodedjo qui nous a convoqués, n'a jamais menti depuis que sa mère l'a mis au monde. Si nous ne trouvons pas le Moolo qu'il recherche, il nous tuera comme il l'a promis. ». Visiblement attendri par les supplications du griot, le piroguier accepta de les prendre dans sa pirogue, lui et son fils. Ils naviguèrent toute la journée et la nuit, aux environs de minuit, ils accostèrent à un endroit où deux arbres placés sur les deux rivages formaient un magnifique arc au dessus du fleuve.

Soudain, ils entendirent un oiseau chanter au loin, puis le chant se fit plus distinct. Ils se rendirent compte que le chant provenait d'une grande île située non loin de ce quai improvisé. Ils découvrirent l'oiseau qui tournoyait dans les airs cherchant probablement à se poser. Le griot était stupéfait par la mélodie du chant de l'oiseau. Il était convaincu d'avoir trouvé l'air musical tant recherché par Djala Hamma Bodedjo. Le griot empoigna son Moolo et se mit à imiter l'oiseau et le manège dura tout le reste de la nuit. Vers l'aube, l'oiseau reprit son vol, mais le griot maîtrisa les notes du chant de l'oiseau comme s'il les avait appris durant des années. En fait, l'oiseau était un démon qui faisait office de griot à Djala Hamma Bodedjo. Il suivait le guerrier quand il allait à la guerre. Il chantait pour le galvaniser et en retour, Djala Hamma Bodedjo lui laissait les cadavres des adversaires dont l'oiseau se nourrissait. Au fil du temps le pacte secret entre le guerrier généreux et l'oiseau-griot avait fonctionné ainsi.

LE MOOLO DE DJALA HAMA BODEDJO

Le griot reprit une ultime fois l'air musical imitant le chant de l'oiseau, puis il jubila. Il n'était plus question de fuir, non ! Cette fois-ci, Djala Hamma Bodedjo, Djala Paté, Poulo Ségou Bambara Kounari avait vraiment trouvé un Moolo de son envergure. Très sûr de lui, il supplia et obtint du piroguier de rebrousser chemin : « Ramène-moi d'où tu m'as pris. Mes détracteurs ne diront pas que j'ai lâchement fui devant la mort ». Ils s'en retournèrent vers la cité de Djala Hamma Bodedjo. Le lendemain, après le petit déjeuner, on saisit les trois cent neuf griots restants et on les mit à plat ventre devant Djala Hamma Bodedjo, tout de noir vêtu, assis sur son tapis de peau de lion. Ses yeux d'un rouge très vif, donnaient l'impression de vouloir sortir de leurs orbites et représentaient un réel motif d'inquiétude pour les griots. « Etes-vous tous là ? » demanda le redoutable guerrier. Les griots répondirent que leur doyen n'était pas encore là et qu'il était avec son fils qui était aussi son apprenti-griot. Quelques instants plus tard, on aperçut le chef des griots qui venait en se dandinant, convaincu de la pertinence de sa trouvaille. Il marchait dans la direction de la foule et son fils le suivait à distance comme s'il ne partageait pas l'assurance de son père.

LE TRIOMPHE DES GRIOTS

Le griot se tenait maintenant devant Djala Hamma Bodedjo qui lui souhaita la bienvenue non sans ironie. Le griot s'empressa d'y répondre et lui fit : « Je t'ai apporté un petit air de musique. Il est à toi s'il te convient, sinon, nous nous plions à la volonté de Dieu : tu peux nous exécuter ». Le guerrier généreux se leva, il se tint debout et demanda au griot de jouer le Moolo. Le griot lui, se rassit, croisa les jambes et dans cette position majestueuse, se mit à jouer l'air musical emprunté à l'oiseau. Dès les premières notes, les yeux de Djala Hamma Bodedjo se mirent à briller de surprise. Puis il se mit à dodeliner de la tête et à battre la mesure. Le guerrier était manifestement ravi de l'air que jouait le chef des griots et finit par l'exprimer clairement à la grande satisfaction du griot et de ses camarades, soulagés d'avoir sauvé leurs vies. Ils furent immédiatement libérés et chacun prit sa guitare pour accompagner le chef dans l'exécution des notes dédiées à Djala Hamma Bodedjo. Sous la conduite experte du maestro, les trois cent dix griots reprirent la musique en chœur et en parfaite harmonie comme s'ils l'avaient répété ensemble depuis plusieurs mois. Les musiciens exécutèrent la composition à la satisfaction totale du héros qui suggéra toutefois que la musique soit accompagnée de paroles élogieuses sans lesquelles il n'y aurait pas de Moolo.

Un des griots racla la gorge et s'écria : « Djala Hamma Bodedjo, Djala Paté, Poulo Ségou Bambara Kounari, tu es comme le lion qui a passé sept jours sans manger et qui vient d'abattre une biche, aucun oiseau n'osera toucher à ta proie à plus forte raison un chasseur ! » Mécontent de cette formule, le guerrier redoutable pesta contre le griot : « Si jamais tu répètes ces propos, je t'arrache la langue ! Tu oses m'assimiler à quelqu'un qui mange tout seul ! Toute ma vie, il ne m'est jamais arrivé de manger tout seul. » Un autre griot s'écria : « Djala Hamma Bodedjo, Djala Paté, Poulo Ségou Bambara Kounari, tu es comme le méchant bélier qui se libère de son entrave : quand il se détache, il n'épargne personne, ni le propriétaire qui le nourrit, ni femme, ni enfant. » Encore insatisfait de la nouvelle formule, il gronda le second griot : « Si jamais tu répètes ces propos, je t'écrase la tête ! Tu oses m'assimiler à un mouton que les femmes élèvent ! Moi Djala Hamma Bodedjo, les hommes me craignent à plus forte raison les femmes. » Un troisième griot cria : « Djala Hamma Bodedjo, Djala Paté, Poulo Ségou Bambara Kounari, tu es comme l'herbe autour du puits qu'aucun animal n'ose brouter au risque de tomber dans le puits… » Il ne donna pas le temps au griot de terminer sa phrase : « « Si jamais tu oses répéter ces propos, je t'écrase la mâchoire ! Tu oses m'assimiler à l'herbe autour du puits que piétinent les esclaves lorsqu'elles vont chercher de l'eau ! Moi, même les hommes libres ne me piétinent à plus forte raison les esclaves. » Personne ne savait plus où trouver les louanges acceptables pour le héros. Même le chef des griots se sentait impuissant. Il se mit à méditer et quelques instants plus tard, il s'écria : « Djala Hamma Bodedjo, Djala Paté, Poulo Ségou Bambara Kounari, tu es comme l'obscurité ; tu fais hésiter même les guerriers valeureux à plus forte raison le simple paysan. » Djala Hamma Bodedjo acquiesça, il trouva cette formule à son goût. Le maître- griot revigoré par son succès inespéré, s'écria à nouveau : « Djala Hamma Bodedjo, Djala Paté, Poulo Ségou Bambara Kounari, tu es comme le jour qui permet aux enfants de jouer et aux grands de vaquer à leurs occupations. Tu es de l'or emballé dans un étui jeté dans un trou protégé par des serpents et des démons. Quiconque réussit à s'emparer de l'or est riche, mais quelle audace permettrait d'essayer ? ». Djala Hamma Bodedjo manifesta bruyamment sa satisfaction et les cris de joie et les applaudissements fusèrent de partout. Le guerrier généreux avait trouvé son Moolo et les louanges qui allaient avec.

Désormais, la mission était accomplie pour les griots. Il ne restait plus à Djala Hamma Bodedjo qu'à les récompenser conformément à leurs attentes. Il décida de donner à chacun dix têtes de bœufs, dix de moutons, dix chèvres et dix chevaux. Les griots refusèrent et réclamèrent cinquante têtes de chaque espèce. La mère de Djala Hamma Bodedjo surgit et s'insurgea contre la tendance de son fils à dilapider le cheptel familial : « Pourquoi gaspilles-tu toute cette richesse ? » L'intrusion de la vieille dame donna une idée au guerrier qui s'adressa au chef des griots : « Vois-tu cette vielle femme. C'est ma propre mère, je vous (te) la donne en récompense ». Les griots sachant que Djala Hamma Bodedjo rachèterait) inévitablement sa propre mère, s'empressèrent d'accepter. Mais Djala Hamma Bodedjo n'avait pas eu besoin d'agir dans ce sens car tous les rois de la zone qui étaient ses vassaux avaient appris la nouvelle et chacun voulait partager l'honneur d'être utile à son protecteur. Ils avaient réuni un immense troupeau au profit des griots en remplacement de la mère de Djala Hamma Bodedjo. Comme tous les héros de l'époque, il était fort, brave et vaillant, mais c'était surtout par la générosité extrême que le Djala Hamma Bodedjo a forgé sa grande réputation.

FATIMATA BIDANI LA BEAUTE CONVOITEE

A la même époque, vivait dans la cité de Simbiri une jeune fille du nom de Fatimata Bi Dani qui avait, elle aussi, une très grande réputation, celle d'être la plus belle femme du monde. Elle présentait en effet tous les attributs de la beauté féminine à l'époque. Elle avait la peau tellement claire et soyeuse, de longs cheveux noirs comme ses cils qui formaient un agréable contraste avec la blancheur de ses yeux et de ses dents. Son cou et ses formes gracieux contribuaient à lui assurer une démarche féline dont elle seule avait le secret et qui ne laissait pas les hommes insensibles. Fatimata Bi Dani Simbiri incarnait la beauté à l'état pur que tous les hommes convoitaient. Tous les grands guerriers, les rois et les grands hommes voulaient à tout prix au moins son amitié : Dondou Gorba Dikko, Amala Seyni Gakoy, Bakari Dia et Djala Hamma Bodedjo. Fatimata était fille unique et hérita d'une immense fortune à la mort de son père. Elle vivait seule avec sa mère. Lorsque ses admirateurs venaient lui rendre visite chez elle, ils ne la voyaient jamais. Elle avait une jeune domestique qui les accueillait : « Qui venez vous voir ? » - « C'est Fatimata Bi Dani Simbiri que je viens voir, répondaient les visiteurs ». Après quoi, elle montait avertir sa maîtresse qui lui donnait les instructions d'usage : « Va lui dire que je l'accueille avec plaisir ». Elle donnait également sa bague en or que la domestique remettait au visiteur qui la rendait à son départ. Cette bague remplaçait la présence physique de la maîtresse de maison qu'aucun des visiteurs ne vit jamais. Certains restaient ainsi plusieurs jours en compagnie de la bague et repartaient lorsqu'ils en avaient assez, mais ils revenaient toujours sans se décourager.

Mais Fatimata Bi Dani Simbiri avait également la réputation de posséder une mère scandaleuse et querelleuse. Un jour sa mère l'informa de son intention d'aller faire ses courses au marché. Etonnée, Fatimata lui demanda : « Que vas-tu chercher dans un marché que tu n'aies déjà ? » La vieille répondit qu'il y avait toujours quelque chose à chercher au marché. Elle ajouta par ailleurs qu'elle ne se déplaçait pas suffisamment et ce n'était pas bien pour ses vieux os. Elle ne convainquit pas sa fille mais cette dernière céda non sans quelques recommandations comme si elle pressentait quelque chose : « Bien, si tu veux aller au marché, il ya un marché dans la cité de Dondou Gorba Dikko, il y en a chez Amala Seyni Gakoy, chez Bakari Dia et chez Djala Hamma Bodedjo. Tu peux aller faire tes courses dans tous ces marchés, mais ne te hasardes pas à aller à Sâ. Tu sais ce qui se passe là-bas, tout le monde le sait. » - « C'est pourtant au marché de Sâ que j'irai, advienne que pourra » rétorqua la mère de la jeune fille.

LA MERE DE FATIMATA AU MARCHE DE SÂ

La mère de Fatimata fit charger des quantités énormes de beurre extrait de lait de vache que transportaient une quarantaine de jeunes esclaves. Le groupe prit le chemin du marché de Sâ. Dans cette cité, régnait un roi sanguinaire dont le fils, le prince, avait un chien qui avait la fâcheuse habitude de parcourir le marché et d'y prendre impunément ce qu'il voulait. Il mettait le museau où il voulait, mangeait de tout produit qu'il désirait, en renversait d'autres, sans que personne n'osât l'en empêcher. Aussitôt arrivée au marché, la vieille femme et son beurre reçurent la visite du chien princier qui ne se fit pas prier pour se jeter sur les caisses. A la stupeur générale du public, la mère de Fatimata Bi Dani prit un gourdin et assena un grand coup sur le crâne du chien du prince. Le chien lâcha un cri de douleur. Commerçants et clients se dispersèrent sur le champ, personne ne voulait être le témoin de la bêtise de la vieille dame : « Oser frapper le chien du prince, il faut être fou ou stupide. Cette dame doit être sérieusement dérangée. » Alerté, le prince se rendit sur place en vociférant : « Qui a frappé mon chien ? » - « C'est moi ! » S'empressa de répondre la vieille. « Mais vielle femme, n'as-tu pas entendu parler de mon chien et de ses droits ? » - « Et toi, jeune homme, n'as-tu pas entendu parler de moi ? » « Qui es-tu ? » demanda le prince. -« Je suis la mère de Fatimata Bi Dani Simbiri ». « Je n'ai jamais entendu parler de Fatimata à plus forte raison de sa mère, mais tu as été insolente en frappant mon chien. Quiconque frappe mon chien, reçois quatre coups de fouet pour lui signifier sa sottise et lui rappeler que le pays ne lui appartient pas. Mais pour toi, ce sera quarante coups, ensuite tu seras rasée. Après quoi tu pourras monter au ciel pour te plaindre auprès de Dieu car sur terre il n'existe personne qui soit capable de te venger ». C'est ainsi que la mère de Fatimata Bi Dani fut humiliée par le prince de Sâ. Impuissante, elle s'en retourna à Simbiri avec ses porteuses.

A son retour, la mère de Fatimata Bidani Simbiri ne s'empressa pas d'informer sa fille de ce qu'elle venait de subir. Elle garda le silence, mais Fatimata était convaincue que le voyage n'avait pas pu s'effectuer sans problème. Elle isola une petite domestique qui avait participé au déplacement et la menaça de mort si elle ne lui disait pas ce qui leur était arrivé au marché de Sâ. « Il nous est arrivé à ta mère et à nous aussi tout ce qui tu peux imaginer d'humiliant au monde. Pour nous ça va encore, nous sommes de modeste condition sociale. Mais ta mère qui est noble a reçu quarante coups de fouet, elle a été complètement rasée et les joues scarifiées de balafres que tu ne verras jamais de ta courte vie. Mais en plus, le prince lui a demandé en signe de défi de monter au ciel se plaindre auprès de Dieu puisque sur terre personne ne pourra la venger. » Fatimata Bi Dani Simbiri savait que tout ce qui était arrivé était de la faute de sa mère car elle l'avait prévenue, elle l'avait dissuadée d'aller à Sâ. Elle ne pouvait cependant laisser cette humiliation impunie. Mais que pouvait-elle contre le roi et le prince Sâ que même les guerriers redoutaient ? Que pouvait une jeune fille sans défense, sans père ni frère contre un souverain et son armée ?

LE CRI DE LA VENGEANCE

Fatimata Bidani avait sa petite idée. Elle ne montera pas se plaindre auprès de Dieu, mais elle savait où crier vengeance. La jeune fille convoitée par les plus grands guerriers chargea une pirogue d'armes diverses, fusils, sabres, lances, arc et flèches ; elle chargea une pirogue de tabac à chiquer et de noix de cola. Cette fois-ci, c'était elle qui irait chez ses courtisans. Elle irait chercher un mari. Une troisième pirogue était réservée aux griots, musiciens, tambouriniers et tous ceux qui savaient manier la bonne parole. Leur première destination fut le royaume de Dondou Gorba Dikko. Fatimata arriva chez Gorba Dikko et après les salutations, elle l'interpella : « Dondou Gorba Dikko, Dondou Gorba Dikko ! Combien de fois es-tu venu à Simbiri me demander en mariage ?» - « Je ne connais même pas le nombre de mes visites nocturnes à plus forte raison celles effectuées le jour au vu de tous. » lui répondit le guerrier. « M'as-tu vue une seule fois ? » - « Non, je ne vois que la jeune domestique et ta bague ». « Eh bien, ajouta la jeune fille, Dondou Gorba Dikko, aujourd'hui, c'est moi en personne qui viens te demander de devenir mon mari. Cependant, écoute-moi attentivement, ma dot sera le roi de Sâ et son fils ! ». Les derniers mots de Fatimata Bidani annihilèrent toute la joie de Gorba Dikko consécutive à la demande en mariage de la belle Fatimata : Sâ était une cité imprenable. Le guerrier se mit subitement à transpirer. Il ne pouvait dire non à Fatimata et ne pouvait non plus se résoudre à l'idée de porter la guerre à Sâ. Après une longue réflexion, Gorba Dikko s'adressa à la jeune fille : « Fatimata Bidani Simbiri, accorde-moi juste douze mois car on ne va à Sâ sans préparatifs. » Désabusée par la réponse du guerrier, Fatimata lui fit : « Dondou Gorba Dikko, Dondou Gorba Dikko ! Tu ne vaux pas plus qu'une femme. Je ne peux laver l'affront fait à ma famille et toi non plus. Adieu. »

Elle reprit la pirogue avec sa délégation et naviguèrent vers Ségou, la cité de Bakari Dia, le redoutable guerrier bambara. Arrivée à destination, Fatimata Bidani se fit annoncer et là également, après les salutations d'usage, elle s'adressa à son hôte : « Bakari Dia, Bakari Dia ! Combien de fois es-tu venu à Simbiri me demander en mariage ?» - « Je ne connais même pas le nombre de mes visites nocturnes à plus forte raison celles effectuées le jour au vu de tous. » lui répondit le roi. « M'as-tu vue une seule fois ? » - « Non, je ne vois que la jeune domestique et ta bague ». « Eh bien, ajouta la jeune fille, Bakari Dia, aujourd'hui, c'est moi en personne qui viens te demander de devenir mon mari. Cependant, écoute-moi attentivement, ma dot sera le roi de Sâ et son fils ! ». Bakari Dia eut la même réaction que Dondou Gorba Dikko. Lui aussi demanda que la jeune fille lui accordât onze mois de préparatifs et la réponse de Fatimata fut la même : « Bakari Dia, Bakari Dia ! Tu ne vaux pas plus qu'une femme. Je ne peux laver l'affront fait à ma famille et toi non plus. Adieu. »

Le voyage reprit en destination de la cité d'Amala Seyni Gakoy. A leur arrivée, ils se firent annoncer et les salutations furent longues et chaleureuses. Là également, ce fut le même scénario. Dés que Fatimata eut décliné la condition du mariage, Amala Seyni Gakoy se mit à transpirer. Il resta longuement silencieux et quand il reprit la parole, ce fut pour demander à la jeune fille un délai de dix mois. Inflexible et plus déçue que jamais, Fatimata Bidani regarda son hôte droit dans les yeux et lui répéta ce qu'elle avait dit à ses autres amants : « Amala Seyni Gakoy, Amala Seyni Gakoy ! Tu ne vaux pas plus qu'une femme. Je ne peux laver l'affront fait à ma famille et toi non plus. Adieu. »

Fatimata Bidani Simbiri et sa délégation se dirigèrent à présent vers la cité de Boubou Ardo Galo. A leur arrivée, Boubou Ardo Galo l'accueillit comme il se devait et lui demanda : « Où vas-tu ? » - « Je viens chez toi, tu te rappelles combien de fois tu as été chez moi pour me demander en mariage ? » - « Non, lui répondit Boubou Ardo Galo, je ne sais pas et je ne t'ai jamais vue non plus.» - « Eh bien renchérit Fatimata, je viens cette fois-ci en personne demander que tu sois mon mari, mais ma dot sera le roi de Sâ et son prince. » Boubou Ardo Galo se mit à transpirer comme ses prédécesseurs. Il suait à grosse gouttes et demanda à la jeune femme de lui accorder cinq mois de délai de préparation, après quoi il ira en guerre contre Sâ. Bien entendu, Fatimata manifesta la même déception et eut les mêmes mots durs envers son hôte.

FATIMATA CHEZ DJALA HAMA BODEDJO

Fatimata Bidani Simbiri était partie crier vengeance chez tous ces amoureux. Il ne restait plus que Djala Hamma Bodedjo, Djala Paté, Poulo Ségou Bambara Kounari. Deux vieilles femmes qui entendirent l'écho de la visite que Fatimata Bidani allait rendre incessamment à Djala Hamma Bodedjo, s'empressèrent d'aller apporter la nouvelle au roi dans l'espoir de quelque générosité. Elles se mirent à genou devant le souverain et lui dirent toute tremblotantes : « Bientôt, tu recevras la visite de Fatimata Bidani Simbiri ». Persuadé que l'information n'est pas avérée, Djala Hamma Bodedjo s'écria : « Par Dieu, à présent ce sont mes sujets qui se moquent de moi. Ça ne peut être vrai. Dieu ne peut pas avoir pris cette décision ». Il demanda d'exécuter les deux malheureuses. Deux autres hommes apprirent la nouvelle et vinrent quérir récompense. Ils connurent le même sort que les deux vieilles femmes. Les cavaliers que Fatimata Bidani envoya pour informer de l'imminence de son arrivée avaient pris soin d'emporter la bague de la jeune fille qu'ils tendirent au roi avant de lui dire : « Nous sommes des envoyés de Fatimata Bidani Simbiri. C'est elle qui nous charge de vous prévenir qu'elle arrive ». Ils ne furent pas exécutés, mais il les fit emprisonnés au cas où ils auraient peut être volé la bague. Djala Hamma Bodedjo fit annoncer que quiconque apercevrait en premier la délégation de Fatimata Bidani Simbiri, bénéficierait d'une forte récompense et que lui et sa descendance ne connaîtraient plus jamais la misère et la pauvreté pendant leur existence. Alors chaque jour, du matin au soir, toute la population scrutait le fleuve dans l'espoir de toucher la récompense promise par le guerrier généreux. Personne n'avait plus d'autre occupation que la surveillance de l'horizon à partir des bords du fleuve. Durant cinq jours, tout le monde s'adonna à ce manège et finalement certains commencèrent à croire que les deux hommes n'étaient peut être pas des envoyés de la belle Fatimata. Ils avaient pu voler la bague !

Le sixième jour d'ailleurs, personne n'était allé au fleuve à l'aube comme à l'accoutumée sauf une vieille pauvre dame venue laver l'unique pagne qu'elle avait. Elle lavait le pagne lorsqu'elle perçut dans l'eau le reflet généré par les pirogues de Fatimata Bidani Simbiri. Elle leva les yeux et vit les grosses pirogues qui se suivaient. Ivre de joie du fait de la récompense annoncée par le roi, la vieille femme bondit hors de l'eau et se mit à courir toute dévêtue en direction du palais. Elle courait en pointant du doigt la direction du fleuve mais était incapable de prononcer le moindre mot, rendue sourde et muette par l'émotion. Quand elle pénétra en trombe dans la cour, Djala Hamma Bodedjo ordonna qu'elle fût habillée. Tout le monde pensait qu'elle avait rencontré un des démons redoutables que l'on pouvait rencontrer sur les bords des fleuves, mais en réalité c'était la joie qui avait rendue la vieille dame folle, la joie de voir changer son destin grâce à la récompense qu'elle allait recevoir. Puis on entendit plusieurs coups de feu simultanés venant du côté du fleuve. C'était le signal de l'arrivée de la délégation de Fatimata Bidani Simbiri. Tout le monde comprit alors la raison de la folie subite de la vieille dame. Le roi ordonna de la surveiller jusqu'à ce qu'elle pût retrouver ses esprits.

Toute la cité était à présent au bord du fleuve où les pirogues achevaient d'accoster. Tout le peuple voulait voir celle dont la visite était attendue avec tant de frénésie. Djala Hamma Bodedjo était aussi avec son peuple. Il se tenait debout pour accueillir celle qu'il a toujours aimée. Après les salutations, ils se dirigèrent vers le palais où une tente a été spécialement dressée à l'occasion. Sur le grand lit recouvert de draperies en soie, le roi et son amie étaient assis à chaque extrémité. Dehors, les attroupements des curieux avaient dessiné plusieurs cercles autour de la maison du roi. « Fatimata Bidani Simbiri, où vas-tu ? » -« Je viens te voir Djala Hamma Bodedjo. Ma mère a été humiliée, mais je suis une femme et je ne peux pas laver cet affront. C'est pourquoi je viens te voir... ». Le roi ne lui donna pas le temps de continuer, il lui coupa la parole et dit : « Fatimata ! Je suis au courant de tout ce que tu as entrepris depuis quelques jours. Je sais aussi que tu es allée chez d'autres crier vengeance. Mais sache qu'ici tout ce que tu es venue chercher, tu l'auras par la grâce de Dieu. Tu veux que je déclare la guerre immédiatement contre Sâ, mais un mouvement de troupes est préjudiciable pour mon peuple, les chevaux détruiraient nos récoltes. Laisse nous récolter nos champs puis nous attaquerons Sâ. » La jeune fille finit par accepter les modalités de l'engagement de Djala Hamma Bodedjo mais voulut tout de même savoir le temps que prendront les récoltes. Le héros lui garantit que dans deux mois tous les champs auraient été récoltés, mais il ajouta que le jour où lui et son armée se mettraient à l'assaut de Sâ, même les nourrissons au dos de leurs mamans le sauraient à plus forte raison les adultes. Fatimata, rassurée, prit congé de son hôte en lui offrant en contribution les pirogues remplies d'armes, de tabac et de noix de cola.

LA GUERRE CONTRE SÂ

Deux mois passèrent. La récolte des champs avaient été effectuée et sécurisée dans les greniers, et les cultivateurs avaient commencé l'entretien des champs avant la prochaine saison. Le troisième mois après la visite de Fatimata Bidani Simbiri, Djala Hamma Bodedjo fit résonner son tambour de guerre dont le roulement était perceptible de tous les côtés du royaume. Dés que ses guerriers l'entendaient, ils ne se posaient pas de questions, ils enfourchaient leurs chevaux, s'emparaient de leurs armes et allaient se mettre en rangs de bataille derrière leur roi, Djala Hamma Bodedjo Djala Paté, le guerrier vaillant et généreux. Il rassembla tous les hommes qu'il fallait et leur indiqua la raison du rassemblement : « Je vous ai réunis pour amener la guerre à Sâ ». Intrigués et paniqués par ce qu'ils venaient d'entendre, les guerriers s'employèrent à décourager le roi : « Sâ est imprenable et tu le sais. Ton arrière grand-père a été tué à Sâ ; ton grand-père a été tué à Sâ ; même ton père, c'est à Sâ qu'il a perdu la vie. C'est contre cette forteresse que tu veux que nous allions en guerre ! » Djala Hamma Bodedjo resta insensible aux arguments développés et se borna à dire : « Même si ma lignée doit s'estomper avec moi, elle s'estompera car je ne mens jamais à un homme, à plus forte raison à une femme. Nous porterons la guerre à Sâ. » A présent tout le monde se tut. Ils savaient que la guerre contre Sâ était inéluctable, le roi ne mentira pas à Fatimata Bidani Simbiri !

Pour conduire la guerre, Djala Hamma Bodedjo s'adjoignit quatre lieutenants avec chacun une armée de trois mille cavaliers. Il avait un esclave affranchi, remarquable archer à qui il confiait les cavaliers qui montaient les chevaux de race *kongoru*[33]. Ceux qui montaient les chevaux *law* aux genoux noirs étaient conduits par son propre fils ; les cavaliers montés sur des chevaux *sorbon* étaient sous commandement du plus âgé de ses frères et ceux qui montaient les chevaux *ka* sous celui du plus jeune. Lui-même conduisait les chevaux blancs de race *kaalal*. Un seul cheval *haaraw* les accompagnait toujours. Il n'était monté par aucun cavalier, il servait juste à transporter suspendu au cou, le fétiche de l'armée de Djala Hamma Bodedjo, la gourde magique chargé habituellement de prédire l'issue de la guerre. Le jour arrêté par le roi arriva et tout le monde prit le chemin de la guerre. Les quinze milles chevaux et leurs cavaliers mirent la brousse sens dessus. Fait inhabituel, les lions et autres hyènes affolés trouvaient refuge dans les concessions dans les enclos des chèvres et des moutons et n'inspiraient plus de crainte aux hommes. La poussière recouvrait quasiment tout le ciel donnant l'impression d'une éclipse solaire. D'aucuns pensaient que c'était la fin du monde. Les habitants de Simbiri ne comprenaient pas ce qui arrivait, mais Fatimata elle, avait compris que c'est ce jour que Djala Hamma Bodedjo, Djala Paté avait choisi pour mener la guerre contre Sâ, la guerre qui devait laver l'affront faite à sa famille. Elle criait aux gens : « Calmez-vous, calmez vous ; ce n'est pas la fin du monde. C'est Djala Hamma Bodedjo qui a quitté sa cité pour attaquer Sâ. C'est ce qui fait peur aux lions au point de venir se réfugier dans nos cases ; c'est ce qui fait peur aux hyènes au point de se réfugier auprès des chèvres dans les enclos. »

Lorsqu'ils arrivèrent à Sâ, ils trouvèrent la porte de la forteresse hermétiquement fermée. La porte de Sâ restait toujours fermée sauf le vendredi. Aucune arme ne pouvait rien contre la volumineuse porte blindée. Djala Hamma Bodedjo demanda à ses guerriers de préparer cent chevaux aux larges poitrines et les lancer au grand galop contre la forteresse. Les chevaux vinrent brutalement heurter la porte. Beaucoup meurent sur le champ mais le choc vint à bout de la porte qui s'ouvrit. Mais avant de s'y engouffrer, le héros demanda d'apporter la gourde magique qu'il secoua énergiquement avant de l'interpeller : « Gourde magique ! Gourde magique ! La cité de Sâ est-elle prenable ? » Une voix venant du fond de la gourde lui répondit : « Sâ est imprenable. » Il secoua une seconde fois la gourde, posa sa question, mais la réponse resta inchangée : « Sâ est imprenable. » A la troisième reprise, fou de rage, il entreprit de fracasser la gourde contre un rocher quand soudain la voix de la gourde lui cria : « Arrête Djala Hamma Bodedjo, Djala Paté ! Tu vaincras ! Sâ est prenable !» Il ordonna à l'esclave affranchi de pénétrer dans la ville avec ses trois mille cavaliers. Habituellement, ce lieutenant de Djala Hamma Bodedjo ne prenait jamais une journée pour venir à bout d'une cité. Mais à Sâ, il livra bataille durant trois jours. Pendant tous ces trois jours, il n'avait combattu aucun véritable

[33] *Kongoru, law, sorbon, ka, kaalal et* haaraw représentent différentes races de chevaux.

guerrier professionnel. Il s'était retrouvé lui-même dans le quartier des gens de modeste condition comme lui, forgerons, tisserands et autres cordonniers. A bout de forces, il envoya un émissaire avertir Djala Hamma Bodedjo que Sâ était vraiment imprenable.

Le fils du héros vint prés de son père et lui dit : « Descends de ton cheval et monte derrière moi. » Il galopa en remorquant son père jusqu'à l'entrée du palais du roi de Sâ qu'ils trouvèrent dehors. Il déposa son père et lui dit : « Nous combattrons son armée tandis que tu joueras avec lui au *Dili*[34]. S'ils nous battent, tu deviendras son esclave. Si par contre nous les battons, il devient ton esclave. » Tout le monde accepta le pari. Les deux rois étaient à présent assis, l'un en face de l'autre, le pied droit de l'un solidement attaché à celui de l'autre de façon qu'aucun d'entre eux ne pût fuir en attendant l'issue de la guerre. « Tu seras mon esclave, disais Djala Hamma Bodedjo, Djala Paté. »- « Non, répliquait le roi de Sâ, c'est toi qui es venu, c'est donc toi qui sera esclave. » Durant trois jours, les deux rois continuèrent ce manège tandis que les deux armées se livraient une bataille acharnée. Le matin du quatrième jour, Djala Hamma Bodedjo fit venir ses quatre lieutenants, l'esclave, le fils et les deux frères, et leur dit : « Vous me décevez. J'ai compté sur vous, mais vous me montrez que vous n'êtes pas à la hauteur. Aucune cité ne me résiste une journée. Aujourd'hui, j'en suis à mon septième jour. Même si je vaincs, c'est honteux. »

Djala Hamma Bodedjo, Djala Paté !
Poulo Ségou Bambara Kounari
Mo wala waddata.

Il sortit de sa poche une petite hache en or que lui avait offerte son beau-père à l'occasion de son premier mariage et ajouta à l'intention de ses chefs de guerre : « Vous voyez cette hachette ; elle m'a été offerte par mon beau-père en cadeau de mariage ». Il lança la hache qui alla se planter dans la cour du roi de Sâ, puis ajouta : « Vous savez que je ne retournerai pas dire que je l'ai perdue et nous ne pouvons récupérer cette hache qu'après avoir brûlé toutes les maisons. Je ne rentrerai pas sans ma hachette. » Les quatre guerriers s'empressèrent d'aller rapporter à la connaissance de leurs troupes la situation : « C'est nous qui succomberons ou c'est la ville. Le roi a fait des siennes, il a jeté sa hachette dans la cour du roi de Sâ. Maintenant vous savez tous ce que ça veut dire. » Djala Hamma Bodedjo rappela son fils pour lui demander par où il allait attaquer le lendemain. Il répondit à son père qu'il combattra du côté du fleuve pour couper à l'adversaire la possibilité de se ravitailler en eau. Djala Hamma Bodedjo mécontent de la réponse de son fils, vociféra contre lui : « Quelle déchéance,

[34] Jeu traditionnel de société.

tu veux donc te faire aider par la soif pour vaincre ». Le fils touché dans son amour propre, rectifia, il attaquera par l'est ; il vient en face de son père, le regarda avec insistance dans les yeux et lui dit : « Regarde-moi bien mon père. Je vais me coucher maintenant, mais demain avant la mi-journée, si je ne brûle pas la ville du côté est jusqu'au palais sans épargner ni homme, ni maison, sois sûr que je suis mort et que nous ne nous reverrons plus que dans l'au-delà. » Il jura par tous les dieux, mordit la lèvre et s'en alla avec ses hommes.

LA VICTOIRE DE DJALA HAMA BODEDJO

Tous partirent à présent et attendirent l'installation de la nuit noire pour se lancer à l'assaut de la ville. A partir de minuit, ce fut le carnage. Les chefs de guerre de Djala Hamma Bodedjo tuèrent les guerriers de Sâ par milliers et incendièrent autant de maisons. Avant la mi-journée, le fils arriva par l'est après avoir tout brûlé sur son passage jusqu'au palais du roi de Sâ. Ses deux oncles rasèrent les côtés ouest et sud jusqu'au palais. L'esclave arriva du côté nord après avoir lui aussi, brûlé tout sur son passage. Les quatre cavaliers vinrent simultanément se tenir autour du palais. Djala Hamma Bodedjo compris ce qui se passait et demanda au roi de Sâ d'enlever l'entrave de son pieds. Il se leva, sortit et dit à son intention : « Sors et vient regarder le spectacle de ta ville. Elle est vraiment très vaste ta ville ! » Le roi de Sâ sortit et ne vit partout que de la fumée. Il regarda à l'est, à l'ouest, au nord et au sud, c'était la même image de désolation : maison incendiées, cadavres, animaux errant de tous les côtés. Puis Djala Hamma Bodedjo le fixa les yeux dans les yeux et lui demanda : « Reconnais-tu ta défaite ? Reconnais-tu que tu es désormais mon esclave ? » - « Par dieu, je le reconnais. Mais vous êtes des Peuls, spécialistes de la guerre tandis que nous les Bambaras, nous sommes des spécialistes de la lutte. Je te propose un combat de lutte, si tu me terrasses, je deviens définitivement ton esclave, mais si je gagne, tu deviens mon esclave. »

Le fils de Djala Hamma Bodedjo reprit à son compte la proposition du roi de Sâ et dit à son père : « Père, tu as vu ce que nous, nous avons fait. Nous avons vaincu la ville et incendié les maisons. Si jamais tu te laisses terrasser par cet homme, je jure par Dieu que nous te laisserons ici et tu deviendras son esclave. » Le roi de Sâ s'engouffra à l'intérieur de son palais affublé de gris-gris et de fétiche de toutes sortes : à base de têtes de lézards, d'hiboux de tortue. Il en avait attaché sur toutes les parties de son corps au point qu'il était devenu totalement méconnaissable. Le roi de Sâ demanda alors à Djala Hamma Bodedjo de se préparer pour le combat. Il sautait de gauche à droite, il faisait des mouvements impressionnants mais qui n'avaient aucun impact sur le héros toujours debout nonchalamment comme s'il n'était pas devant un combat. Lorsqu'il en avait eu assez des fanfaronnades du roi de Sâ, Djala Hamma Bodedjo le saisit violemment par le coup, s'empara de sa jambe et l'envoya en l'air. Le roi de Sâ atterrit à plat ventre. Djala Hamma Bodedjo sauta sur son dos, l'attacha solidement et lui dit : « Tu es mon esclave ». Ensuite il ordonna d'aller chercher sa hachette au milieu de la concession du roi de Sâ. C'est en cherchant la hachette qu'ils tombèrent sur le prince, celui qui possédait le chien. Il était caché sous le lit de sa mère avec la hachette de Djala Hamma Bodedjo dans la main. Le fils de Djala Hamma Bodedjo le tira dehors et l'attacha. On les chargea lui et son père sur le même cheval et l'armée de Djala Hamma Bodedjo victorieuse se mit sur le chemin de retour en direction de Simbiri.

Sous la tente dressée à l'occasion, on disposa les deux prisonniers de façon à servir de repose-pieds pour Fatimata Bidani et Djala Hamma Bodedjo. Le roi de Sâ devint le repose-pied du guerrier métis généreux tandis que sa future femme disposait du corps du prince. Toute la nuit, les deux amants firent subir aux prisonniers les pires humiliations en retour de celle qu'ils avaient fait subir à la mère de Fatimata Bidani.

Le lendemain, on fit venir les représentants de Djala Hamma Bodedjo à Simbiri pour la célébration du mariage. La mère de Fatimata était également là, entourée des représentants de sa famille. La foule était innombrable. Les griots étaient venus de tous les côtés de la région en réponse à la générosité dont Djala Hamma Bodedjo avait toujours fait montre à leur égard. Le mariage fut célébré avec faste pendant sept jours. Le huitième jour au matin, accompagné de sa femme et de sa forte délégation, Djala Hamma Bodedjo quitta Simbiri en direction de sa cité où les populations avaient organisé une mobilisation des grands jours pour accueillir leur roi et sa nouvelle reine.

Voilà l'histoire Djala Hamma Bodedjo, Djala Paté, Poulo Ségou Bambara Kounari et de son mariage avec Fatimata Bidani Simbiri.

Sommaire

PREAMBULE 1

LE DEEDE ACCOMPAGNÉ DE MOOLO OU ÉPOPÉE NIGÉRIENNE 1

LES GRIOTS DANS LA SOCIÉTÉ SONGHAY-ZARMA 2

1. LES GRIOTS PROFANES 5

Les griots traditionnels 5

Les griots modernes 7

2. LES GRIOTS SACRÉS 8

PRÉSENTATION DES TEXTES 8

DONDOU GORBA DIKKO 9

DJALA HAMA BODEDJO 10

Récit 1 : DONDOU GORBA DIKKO 11

UN HEROS HORS PAIR 12

L'APPRENTISSAGE DE LA GENEROSITE 14

L'APPRENTISSAGE DE LA GUERRE 16

LA QUETE DE L'ADJUVANT MAGIQUE 19

LES EXPERIENCES DE LA PEUR 23

GORBA DIKKO DANS LA FORET MAUDITE 24

GORBA DIKKO ET LES CROCODILES 26

GORBA DIKKO ET LE PYTHON 28

LES DEFIS 29

GORBA DIKKO CONTRE LES PILLARDS 30

GORBA DIKKO CONTRE LE ROI SANGUINAIRE 32

LA DEFAITE DU ROI SANGUINAIRE 37

GORBA DIKKO RAVIT LA FEMME DU PRINCE 39

LA DEFIANCE DU MALHEUR 42

Récit 2 : DJALA HAMMA BODEDJO, DJALA PATÉ 44

LE GUERRIER METIS GENEREUX 45

LE STRATAGEME DU HEROS 46

L'INGRATITUDE DES GRIOTS 48

LE MOOLO DE DJALA HAMA BODEDJO 50

LE TRIOMPHE DES GRIOTS 51

FATIMATA BIDANI LA BEAUTE CONVOITEE 52

LA MERE DE FATIMATA AU MARCHE DE SÂ 53

LE CRI DE LA VENGEANCE 55

FATIMATA CHEZ DJALA HAMA BODEDJO 56

LA GUERRE CONTRE SÂ 58

LA VICTOIRE DE DJALA HAMA BODEDJO 61

Printed by Books on Demand GmbH, Norderstedt / Germany